普天之下・盡是好書

普天出版家族
Popular Press Family

凌雲文創
A-Plus Creative Company

俄國作家赫爾岑曾經寫道：
「一個人不僅要在歡樂時微笑，也必須學會在困難中露出笑容。」

日子難過，也要笑著過 全集

STAY OPTIMISTIC

王渡 編

因為，路再長也有終點，夜再黑也有盡頭，日子再難過，還是得想辦法過，與其愁眉苦臉地抱怨生活中的種種苦痛，還不如用微笑面對。
所謂「難過」的日子，並不會因為你用愁眉苦臉的方式面對，就會自動消失，因此，既然「哭著活」也是一天，
「笑著活」也同樣是一天，那麼何不選擇笑笑地度過那些「難過」的日子？

出版序

日子難過，也要笑著過

> 災難無疑是人生中一場殘忍的打擊，但是那並不能將你打倒。除非你自己選擇絕望，否則你沒有理由看不見每一處藏在你身邊的希望。

•王渡

作家艾科克曾經這麼說：「日子再怎麼難過，總比沒有日子可以過的人要幸福許多。」

的確，當我們埋怨自己的日子難過時，只要想想那些活在戰亂動盪地區，不知道自己還有沒有明天的人；當我們怨嘆自己的日子難過時，只要想想那些在天災地變中喪生的人，以及遭受重創的災民，還有什麼理由不心存感恩，笑著過那些被我們認爲是「難過」的日子呢？

事實上，災難的發生或許是我們無法預料與控制的，但是誰說我們一定得愁眉苦臉地因應接踵而來的困境？

傑瑞在一次戰爭中，眼睛不幸受了嚴重傷害，因此無法看見任何東西。雖然他承受了如此慘痛的巨變，但是依舊表現得十分開朗。只要經過他的病房，總可以聽見他和其他病人有說有笑，病房裡頭的氣氛歡樂得不像是個生病的人住的地方。

所有人都樂於見到這樣的情況，只有傑瑞的主治醫生聽說了這個情形，心裡感到非常憂慮。他親自走到傑瑞的床邊，鄭重地對他說：「傑瑞，我這個人一向喜歡對病人實話實說，不喜歡欺騙病人。現在，我有個壞消息要告訴你，你的視力恐怕永遠不能恢復了。」

好長一段時間，病房裡頭安靜得一點聲音也沒有，時鐘行走的聲音變得無比清晰，好像在提醒他們，時間並沒有靜止，地球依然還在旋轉。

終於，傑瑞打破沉默，平靜地說：「其實，我早就知道會有這個結果了。但是我還是非常謝謝你，謝謝你費了那麼多心力治療我。」

幾分鐘之後，傑瑞又恢復以往爽朗的模樣，笑著對病房裡的朋友說：「我很想要爲這個壞消息表示哀悼，但是我實在找不到任何可以絕望的理由。沒錯，我的眼睛瞎了，但是我還聽得到，還可以說得出話來！我的身體強壯，不但可以行走，雙手也十分靈活。而且，盲人並不是一無是處的人，我可以重新學習一技之長，讓我維持生計。我有什麼好難過的呢？我現在所要做的，不過是重新適應一種新的生活方式罷了。」

俄國作家赫爾岑曾經寫道：「一個人不僅要在歡樂時微笑，也必須學會在困難中露出笑容。」

因爲，路再長也有終點，夜再黑也有盡頭，日子再難過，還是得想辦法過，與其愁眉苦臉地抱怨生活中的種種苦痛，還不如用微笑面對。

所謂「難過」的日子，並不會因爲你用愁眉苦臉的方式面對，就自動消失，既然「哭著活」是一天，「笑著活」也同樣是一天，那麼何不選擇笑笑地度過那些「難過」的日子？如果你可以想到一百個悲傷的理由，爲了這些理由苦惱不已，那麼你也一定可以動動腦，想出一千個不絕望的理由。

歐里庇得斯曾經說：「我羨慕那些一生雖然不幸，卻相信自己的人，因為，他們受了苦，但不至於被痛苦壓倒。」

只要是人，都具備忍受不幸，戰勝困境的能力，重點就在於遭遇不幸之時懂不懂得適時改變心境。如果我們處在艱困的環境當中，還相信自己有能力解決眼前的難題，那麼再強大、再艱難的困境，也無法阻擋我們追求自己想要的人生。

傷痛並不能奪走我們微笑的能力，災禍也不能瓦解我們樂觀的權利。

災難無疑是人生中一場場殘忍的打擊，但是，再怎麼傷心、懊惱都無濟於事，你最需要做的是，動腦想想往後的人生該怎麼走。

只要你願意動腦，任何災難都不能將你打倒。日子難過，笑著過！除非你自己選擇絕望，否則你沒有理由看不見每一處藏在你身邊的希望。

【PART1】改變想法，就能改變事情的方向

恐懼對事情一點幫助也沒有，只會替自己增添苦惱；克服恐懼的方法，是努力強迫自己朝好的方向去思考。

PART 2

以平靜的心境面對困境

真正令人不舒服的，其實不是疼痛本身，而是人們對疼痛的解讀。幸運與否，其實不在於人的際遇，而在於人自己的心境。

PART 3

多嘗試，就一定能找到出路

如果你不知道自己什麼事情做得好，什麼時候做不好，那麼不妨就學無頭蒼蠅一樣，多方面嘗試，不要為自己設定界線。

【PART 4】不要讓失敗成為阻礙

好好學習「失敗」這一課，失敗固然阻礙了出路，但也隱約暗示我們應該要轉彎。失敗不光只是一項考驗，更是一個啟示。

【PART5】

態度決定一個人的高度

要擁有正確的工作態度並不難，只須多動腦想一想，要求別人少一點，要求自己多一點，並努力把每一件事都做到最好。

【PART 6】

有實力，才有好運氣

雖然成功有時候也會受到運氣的影響，但是運氣不可能平白從天上掉下來，而是在累積一定的實力之後才會降臨在努力的人身上。

【PART7】別讓不如意干擾情緒

當天不從人願的情形發生時，就不應該把這種情形稱作失敗，只有當自己放棄的時候，才叫做真正的失敗。

PART 8 自以為是，會妨礙你的前途

每個人都有不同的優點和特質，學著看對方的優點，總比心高氣傲，為自己樹立更多敵人要來得有建設性！

[PART 9]

換個角度，就會更加突出

樂觀的人，可以在每個憂患中看到機會；但悲觀的人，卻只能在每個機會中只看到憂患。

【PART 10】

以變通的思維找出成功的機會

面對失敗，要以變通的思維去規劃自己的未來，只要心中的信心未滅，好好地實踐自己的致勝概念，機會絕對俯拾可得。

PART 11

困難，都是自己想像出來的

如果你只會在一旁空想，那麼這個世界將會是個被重重「困難」包圍的可怕環境，而你永遠也無法破除困難，往前再進一步！

PART 12

節制，是邁向成功的第一步

如果你想成功，就必須懂得控制自己、懂得抗拒誘惑，那麼你才能循著自己的目標，獲得理想的成果。

1.

改變想法，
就能改變事情的方向

恐懼對事情一點幫助也沒有，
只會替自己增添苦惱；
克服恐懼的方法，
是努力強迫自己朝好的方向去思考。

改變想法，就能改變事情的方向

恐懼對事情一點幫助也沒有，只會替自己增添苦惱；克服恐懼的方法，是努力強迫自己朝好的方向去思考。

未知、莫名、詭異的事物總是讓人心生畏懼，讓人失去原本應有的理智。就像塞萬提斯在《唐吉訶德》中所說的：「恐懼的一個效果就是教你感覺錯亂，感覺不到事物的真相。」

人們經常會因爲錯誤的心理作用，把看不見的東西想得很可怕。這也是爲什麼會有這麼多人恐懼黑夜的原因。

黑夜其實一點也不恐怖，但是因爲在一片漆黑之中，我們看不清楚，所以我們總是把事情往最糟糕的方向想。

一名住在維吉尼亞州的電力工程師，有一天被通知到山區的電塔修理故障。他一大早出發，開了八小時的車才抵達那座山，但是山上的岔路很多，繞了老半天，就是找不到那座電塔，不知不覺的，天色逐漸暗了下來，再一轉眼，已經完全變黑了。

山上的照明設備不佳，幾乎伸手不見五指，工程師安慰自己不要急著找電塔，先找一個可以安身的地方，等天亮以後再說吧。

當他這麼決定以後，抬頭一望，竟然看見在月光照耀之下，不遠處的山頂上有個高高的十字架，正在黑暗中閃閃發光。

工程師立刻驅車往十字架的方向開去，等到靠近了，才發現那是一座荒廢的教堂，教堂裡面沒有燈光，就連門也是鎖著的，沒有辦法進去借宿。

不過，工程師還是把車子停在教堂旁邊，安心地睡了個好覺。可能是因爲心理作用，他感覺彷彿上帝就在身邊，那一覺睡得又香又甜。

然而，到了早上，當他在一陣蟲鳴鳥叫聲中醒來的時候，簡直快要嚇呆了。

他的車子正停在一片墳墓中間，他昨晚所看見的十字架，原來是墳墓上的十字架，所謂的教堂門口，竟是公墓的大門。

哇，這眞是太可怕了，還不趕快跑！

一直到工程師遠離那處墓地才想到，還好他昨天以爲那片墳墓是教堂，如果他知道那是一片墳墓，就不可能安心睡覺了。

歌德曾經在某篇敘事詩中寫道：「恐懼和憂愁很容易侵蝕人心，我覺得它們比災難本身還更加可憎。」

恐懼的情緒一旦產生，便會讓人怯懦，對自己失去信心。

一個人如果想要活得心安，一定要常常往高的、光明的地方看；若是一直看著黑暗或低下的地方，很可能就會時時刻刻都寢食難安。

恐懼對事情一點幫助也沒有，只會替自己增添苦惱，唯一克服恐懼的方法，

是努力強迫自己朝好的方向去思考。

當你覺得害怕憂慮的時候，就祈禱吧。

作家齊克果曾經這麼說：「祈禱不能改變上帝，但可以改變祈禱者本身。」改變想法就能改變事情的發展方向，當你一心一意祈求你想要的結果，你自然就會忘卻那些不希望面對的事情。

只要不再胡思亂想，那麼，你的心裡想些什麼，最後就能得到些什麼。

你想過什麼日子，問題並不在於外在環境，而在於你的內在想法。如果你的想法是負面的，那麼即使置身天堂，你也會過著地獄般的生活；假如，你的想法是正面的，就算目前的日子難熬，依然可以笑著過天堂般的日子。

快樂，是自己的選擇

快樂其實是會傳染的。只要你表現出快樂的樣子，身邊的人必定也能夠感受到你的快樂，變得和你一樣快樂。

人們經常有的一個錯誤想法，就是「快樂是很不容易得到的東西」，因爲厭倦了不快樂，不少人到處尋找快樂，結果只是讓自己更加不快樂。

對不快樂的人來說，快樂的確很不容易得到。

那是因爲，有些人把「不快樂」視爲一種堅持，或者把它變成一種習慣，不管在任何情況之下，都已經先打定了主意要不快樂，所以自然也看不見那些能夠令自己快樂的東西。

025 STAY OPTIMISTIC

這是一個眞實的故事。

美國加州有一位六歲的小女孩，有一天突然間收到了一名陌生人給她的四萬美元現款。

這個陌生人是她的遠房親戚嗎？還是她不爲人知的親生父親？

不，都不是。這個陌生人只是她無意中在路上遇見的一個人，他們素昧平生，之後也不曾再見。

那麼，爲什麼這名陌生人要給她這麼一大筆錢呢？

小女孩努力回想，終於想起來。那一天，她在家門前玩耍，一個中年男人走過，她對他笑了笑，就這樣而已。

「那麼，當時對方有沒有說些什麼呢？」小女孩的家人繼續追問。

小女孩認眞地想了老半天，才說：「我記得那個人好像說了一句，『妳那天使般的笑容，化解了我多年的苦悶。』爸爸，什麼是苦悶啊？」

這件事被電視新聞報導出來以後，記者循線找到了那位送錢給小女孩的陌生人。原來，那個人是一名富翁，但是卻一直過得很不快樂。

因爲他心裡覺得鬱悶，所以臉上的表情也一直都非常冷酷。因爲他臉上的表情嚴肅，所以見了他的人也都不敢輕易對他露出微笑。

一直到遇見這個小女孩，她眞誠的笑容才讓他不由自主地感到溫暖，他已經很久沒有感受過那樣的感覺了。

他決定要好好的謝謝那位小女孩。四萬美元，正是他對那時候他擁有的感覺定出的價格！

古希臘哲學家伊比鳩魯的著作殘篇中留下這麼一句名言：「無限的和有限的時間都有同等的快樂，只要一個人以理性來衡量這種快樂。」

快不快樂，其實只是一種選擇。

現實生活中，有些人選擇不快樂，所以必須花錢買快樂；有些人之所以活得很快樂，正是因爲他們對快樂的要求沒有那麼高，只要一顆甜甜的糖果、一個關懷的眼神、一聲慰問、一抹微笑，就已經足夠令他們感到快樂。

更難得的是，這些人通常也具備了讓別人快樂的能力。

因爲，快樂其實是會傳染的。只要你表現出快樂的樣子，身邊的人必定也能夠感受到你的快樂，變得和你一樣快樂。

快樂其實只是一種選擇，快樂的人看見別人的快樂，便能從中感受到更多的快樂；不快樂的人看見別人的快樂，卻只會聯想到自己有多麼悲慘。

作家羅柏曾經這麼說過：「天底下，只有想過和不想過的日子，並沒有好過和難過的日子。」

的確，如果是自己不想過的日子，再怎麼「好過」，你也會認爲難過，但是，如果是自己想過的日子，再如何「難過」，你也會認爲很充實。

如果你覺得自己的日子很難過，那麼，就必須問問自己到底想過什麼日子。只要把問題釐清，就算日子再怎麼難過，你也可以面帶微笑從容度過。

與其苦惱，不如動腦思考

何必為曾經遭遇的不幸憾恨？何必為眼前的生活苦惱？我們該做的是動腦思考如何面對現在，而不是用過去埋葬自己的未來。

我們經常有的一個錯誤想法，就是「我們應該要活得出色、活得精采，才不虛此生」。正因爲太刻意追求，大多數人的一生便在苦惱中驛動。

人生旅程裡，絕大多數人都汲汲營營追求成功、幸福、圓滿，但試問有多少人眞的可以平平靜靜、無風無雨走完一生？

小李的隔壁搬來了一個七十多歲的老人。

聽說，這位老人一生的經歷相當坎坷，年輕時由於戰亂，不幸失去了所有親人，後來又在空襲中丟了一條腿；好不容易否極泰來，生活安定一點以後，他的妻子卻因病去世，留下一個嗷嗷待哺的兒子給他。

他千辛萬苦栽培兒子上到大學，以爲從此可以過得比較輕鬆自在，但和他相依爲命的兒子又喪生於一場車禍當中。

然而，遭遇這麼巨大的打擊，這名老人的臉上並沒有流露出一絲怨天尤人的滄桑，相反的，顯得既慈祥又爽朗，看起來就和大家的祖父沒有兩樣。

終於有一天，小李忍不住好奇，開口請教老人說：「您受了那麼多的苦難和不幸，可是爲什麼你看起來一點也不悲傷呢？」

老人聽了這話無言以對，過了好一會兒，才從地上拾起一片飄零的落葉，放到小李的手中。

「你看，它像什麼？」

那是一片枯黃的葉子，按照它的形狀和特徵來看，應該是白楊樹葉，可是，它到底像什麼呢？

「你覺得它的形狀像不像一顆心？」老人提示他。

沒錯，這片葉子的形狀的確很像一顆心。

小李的心頭微微一顫。

「你再看看它上頭有著些什麼？」

小李仔細地看了看，那片心形的葉子上有著許多大小不等的孔洞，密密麻麻，各式各樣，但是卻一點也不影響葉子的形狀。

這時，老人嘆了一口氣，緩緩地說：「這片葉子活著的時候雖然受蟲咬石擊，以致千瘡百孔，但是它並沒有凋零，依然按照自己的時間表，走完了它的一生。它之所以能享盡天年，完全是因爲它對陽光、泥土、雨露充滿了熱情，對自己的生命充滿了熱愛，不管多苦，都堅持要活下去，相比之下，那些打擊又算得了什麼呢？」

作家塞爾曾經寫道：「你的態度決定日子難過的程度。」

很多時候，日子之所以難過，是因爲我們受到週遭環境的影響。只要懂得用樂觀積極的態度去面對原本感到難捱的日子，或許就會恍然發現，再怎麼難過的日子，依然可以笑笑地過。

悲歡離合本是生命的自然定律，悲喜循環本是人生的規則。

大多數人的人生，都注定會是坑坑巴巴的，與其一廂情願地去追求那些不屬於自己的幸福快樂，不如勇敢接受生命的原貌，讓自己即使活得不夠精采出色，至少也能活出生命的甘苦悲歡。

那些辛酸點滴，未必會讓我們過得比別人好，但是卻會讓我們比別人對人生有更多更深刻的體會。

就算最終我們失去了所有，但至少，我們沒有白白走過這一遭。

何必爲曾經遭遇的不幸心懷憾恨？何必爲眼前的生活感到苦惱？我們該做的是用微笑代替苦惱，思考如何面對現在，而不是用過去埋葬自己的未來。

懂得向對手學習，才能超越自己

人生難免會遇上挫折，若一味怨天尤人，不思尋改善良方，放任現況膠著，其實只是離成功愈來愈遠。

獲得成功的途徑有很多，但是否採取正確的方法往往才是關鍵。學習他人長處可以少走點冤枉路，或許還可因此獲得一同砥礪的夥伴。

既然自己的方法無法讓你出類拔萃，那麼何不嘗試用別人的方法呢？向對手學習，不是示弱的表現，而是一種虛心求教的美德。

有個人經過一座碼頭，看見岸邊有一群人在釣魚，便好奇地走近觀看，發現

其中有一個釣桶滿滿都是魚。

那個釣桶是一名老頭的。只見那名老頭動作熟練地從水中拉起線，摘下釣勾上的魚，然後把魚丟到桶子裡，又把線拋回水裡。他的動作沒有一絲猶豫，俐落得像是知道魚一定會上鉤，所以一點也不會感到懷疑。

這個人環顧四周，發現不遠的地方還有七個人在釣魚。每當老頭從水中拉上一條魚，他們就喃喃抱怨一番，憤憤不平地哀嘆爲什麼自己一無所獲。

這個人待在那裡看了半個小時，發現這期間老頭兒不斷地拉線、收線，把釣上來的魚扔進桶子裡，那七個人卻一條魚也沒有釣到，儘管他們只杵在離老頭不到十公尺遠的地方。

於是，他仔細觀察了一下老頭之所以百發百中的秘訣，注意到老頭其實也沒有天大的本事，只是在釣鉤上比別人多放一塊誘餌而已。

最令人感到不解的不是老頭的簡單智慧，而是他發現，旁邊的那一群人明明很容易就看見老頭用最簡單的方法獲得最大效益的，但是卻不願意學習，只會在一旁抱怨，天哪！這些人的心態眞是讓人想不通！

遇到優秀的對手，心生嫉妒是很正常的。

很多人都有酸葡萄心理，明明心裡非常想取得和對手一樣的成績，表面卻仍擺出一副「哼，我才不想像他一樣」的模樣。說穿了，只是自欺欺人罷了。

人生難免會遇上挫折，應該把挫折化爲轉折。若一味怨天尤人，不思尋改善良方，放任現況陷入膠著，其實只是離成功愈來愈遠，到頭來吃虧的仍是自己。

向對手學習，或許不能超越對手，但至少可以幫助你超越從前的自己。

換一種方式看待人事物

曾經愛過的人、曾經付出過感情珍惜的東西，永遠都不會消失。只是，你必須要換一種方式去看，你必須要換一種心情去愛。

人們經常有的一個錯誤迷思，就是「看不見，就等於失去」，也因爲如此，才常常爲逝去的事物或無法挽回的事情苦惱不已。

事實上，人生無常，根本沒有什麼東西會永遠屬於我們，眞正屬於我們的，其實只有回憶而已。

慧能小和尚最喜歡的小金魚死了，坐在寺廟的院子裡，悶悶不樂已經有好多

天了。師父見狀，沒有多說什麼，只是帶著他走出寺門。

寺門外，風景秀麗。師父找了一塊石頭坐了下來，看著眼前清新的綠芽，斜飛的小鳥，涓流的小河，然後安詳地閉上眼睛打坐，心中空無一物。

小和尚看得有些納悶，不知師父帶他來這裡有什麼用意。

過了中午，師父站了起來，依然不發一語，只是打了一個手勢，示意小和尚跟他回去。

來到寺院門口，師父先跨了進去，然後突然轉身關上兩扇木門，把小和尚關在門外。

小和尚不明白師父的意思，獨自坐在門外，心裡感到又疑惑又害怕。

不久，天色慢慢暗了下來，眼前的景色漸漸朦朧。

一直到天色完全黑了，師父才打開寺門，問他說：「外邊怎麼樣了呢？」

「外面已經全黑了。」小和尚回答。

師父接著問：「除了黑之外，還有什麼嗎？」

「什麼也沒有了。」小和尚又回答。

「不，怎麼會什麼都沒有呢？外邊還有清風、綠草、鮮花、小鳥，一切都還在，只是你的眼睛暫時被黑夜籠罩住罷了。」

小和尚這才豁然開朗，幾天來掩蓋在心頭的陰霾一掃而空。

很多人爲了失去親人、遺失心愛的東西感到悲傷，甚至悲痛萬分。這種情緒在所難免，但悲傷並不能改變事實，若是持續了很長一段時間仍無法平復，那麼所流的就都是一些不必要的眼淚。

當你睜開眼睛的時候，你看不見，你就以爲自己失去了一切。但若你願意靜下心來，閉上眼睛，你便會發現，你心愛的人、心愛的東西又再次回到你眼前。

回憶還在，你依舊還看得見。

曾經愛過的人、曾經付出過感情珍惜的東西，永遠都不會消失。只是，你必須要換一種方式去看，你必須要換一種心情去愛。

發揮自己的專才，讓生命更精采

只要能夠在不同的人生階段中達成應該完成的目標，人生就算不非常成功，也一定會十分精采。

作家尼克芬斯曾說：「只要你認為自己做得到，你就可以做到別人認為自己做不到的事情。」

不管你眼前的際遇如何，都不能小看自己；人生要活出精采，就必須肯定自己的價值，發揮自己的專才。

往往一個人做得最好的事情，也會是他最喜歡做的事情。

每個人都應該要往自己感興趣的方向去發展，才能發揮自己真正的才能與天賦。

但是，發展興趣不是恣意妄爲、率性而行的事情，而是一件目光長遠、循序漸進的長時間工程，絕非一蹴可幾。

被譽爲美國科幻大師的作家艾薩克．阿西莫夫，與人分享他的成功經歷時，寫道：「我決定從化學方面取得哲學博士學位，我做到了；我決定娶一位特別的女孩，我做到了；我決定寫故事，我做到了；之後我決定寫小說，我做到了；再之後，我又決定寫論述科學的書，我也做到了；最後，我決定要成爲一位反映時代的作家，我確實成了這樣一個人。」

艾薩克．阿西莫夫的字裡行間充滿自信，因爲他的確擁有與他的自信相匹配的實力。

你或許沒有看過他的作品，但是你一定曾經聽過「知識就是力量」這句出自他口中的至理名言。

這位生物化學副教授曾經日以繼夜地在波士頓大學的實驗室裡工作，但是，他對打字機的喜愛卻多過於顯微鏡。

回憶往事時，他這麼說：「有一天，我突然明白，我絕不會成爲一個第一流的科學家，但是我可能成爲一個第一流的作家。所以我決定，我要專心去做我能夠做得最好的事情。」

打從那一天起，他以驚人的速度不停地寫作，不停地寫……他的大腦和雙手一樣，幾乎沒有片刻停歇。

他從不休息，一星期有七天總是坐在堆滿了各種各書籍報刊的辦公桌旁，至少打上八小時的字，在他腦海中同時醞釀的創作題材從來不少於三個。他常常只花短短一個星期就寫出一部書，所以他成爲了當代一位百科全書式的傑出作家，撼動了整個世界的文壇。

法國哲學家沙特曾經寫道：「如果我不盡力按照自己的意願去生存的話，我總覺得活著是很荒謬的事。」

的確，人必須勇敢做自己，印證自己有多大價值。只有眞正能夠主宰自己生活的人，才能夠徹底發揮自己的專才，讓生命更加精采。

艾薩克·阿西莫夫的成功模式其實很簡單，他在每個階段的人生中都爲自己訂下一個目標，然後想辦法達成這個目標，並且依照自己在每個階段的表現，發掘自己的才能所在，認清自己能將什麼事情做得最好以後，在下個人生階段中全力以赴地去發展那項專長。

艾薩克·阿西莫夫的成功，有很大一部分其實是建立在他對自己的了解夠多，知道自己在什麼事情上可以做得很好，也設法將它做到最好。

想要像阿西莫一樣成功，我們應該先做好自己在這個階段該做的事，然後才在下一個階段專心發展自己的興趣。

只要能夠在不同的人生階段中達成應該完成的目標，人生就算不非常成功，也一定會十分精采。

不動腦思考，當然就做不到

人生的道路上，有很多事情是我們一輩子也沒辦法完成的。但做不到，不代表我們不能動腦思考，不代表我們不能動手嘗試。

遇到棘手的事，許多人還沒開始動手，就告訴自己：「這些事情，我一定做不到。」

大部分有這種想法的人，的確有很多事情是他們做不到的。

然而，眞正阻礙他們的，不是他們本身的能力不足，而是他們未戰先降的這種壞習慣。他們不讓自己有失敗的機會，因此也斷絕了自己成功的可能。

這一天，屋外颳起了這一年最強大的一場風雪。

教室裡的每個人都在喊冷，大家的思緒都已經凍結成了冰，根本沒有辦法靜下心來讀書。

講台上的布魯斯老師上課上到一半，看見大家心不在焉的樣子，一反常態，神情嚴肅地放下書本，對著學生們說：「大家把書本收起來吧，我們一塊兒到操場上去。」

不會吧！外面這麼冷，到操場上去幹什麼？布魯斯老師接著解釋說：「我們要到操場上去立正五分鐘。」

但是，這個回答並沒有解除同學們的疑惑。所有人仍舊呆坐在位置上不肯移動，一直到布魯斯祭出了「不肯去操場的人，就永遠別再上我的課」這道恐嚇令，大多數的同學才施施然地往操場走去。

空曠的操場上，漫天飛舞的雪粒簡直吹得人睜不開眼睛。風雪襲來，就像是刀子刮在臉上一般，厚實的衣服也隔絕不了屋外的低氣壓，裹著厚襪子的雙腳更早已被凍得失去了知覺。

布魯斯先生沒有多說什麼，只是帶領同學來到操場。接著，面對著學生，脫下身上保暖的羽絨衣。

他繼續想要脫下身上的毛衣，但是才脫到一半，風雪已經把整件毛衣吹走。

布魯斯先生的身上只剩下一件單薄的襯衫，雖然蒼白著嘴唇，但仍堅定地對學生說：「大家到操場中央站好。」

誰也不敢吭聲，大夥兒著實在操場上立正站好五分鐘。

五分鐘後，大夥兒回到了教室，布魯斯先生對著大家說：「之前在教室時，我們都覺得自己一定忍受不了屋外的風雪，然而，眞正站到外面以後，你們會發現，就算叫你們站上半小時，你們也能夠做到，就算叫你們只穿一件襯衫，你們也可以頂得住。這就像我們面對困難的時候，很多人都把困難看得很大，但是當你實際走出去和困難搏鬥時，你就會發現，想像中再大的困難也不過如此而已……」

成功學大師卡耐基曾經說過：「人在身處困境時，適應環境的能力，通常比在順境時更為驚人。」

人能不能適應環境，能不能解決難題，完全在於願不願意勇敢面對。的確，人生的道路上，有很多事情是我們一輩子也沒辦法完成的。但是，做不到，不代表我們不能動腦思考，不代表我們不能動手嘗試。

即使做不到，我們也應該試著去做做看。也許最後的結果會是失敗的，但至少，我們可以大聲地說：「我曾經做過！」

「有些事情，我一定做不到。」這樣的念頭，每個人都會有。只是，失敗的人容許自己接受這樣的藉口，成功的人卻在放棄之前，對自己多說了一句：「沒試過，又怎麼知道自己做不到呢？」

一味逃避，不如嘗試處理危機

逃避只會讓問題越滾越大，而且越來越靠近。與其一味地逃避，倒不如沉著冷靜地面對，問題雖然有些棘手，但終究還是有辦法可以解決。

作家魯拉索曾說：「一個不懂得動腦思考的人，通常會將一丁點讓自己苦惱的事，當成世界末日。」

的確，我們往往會將只要自己動腦就能解決的苦惱之事，當成好像天就快塌下來的「大事」來面對，殊不知，很多讓自己苦惱的事，就是因爲自己懶得動腦解決，才會在自己的心中越長越大，衍生出各種負面想法。

正因爲如此，我們經常會出現一個錯誤反射動作，就是遇到危險的時候，大腦就失去思考能力，只知道趕快逃跑。

但是，逃跑不一定是對的。

倘若你逃跑的速度不夠快，或是你跑的方向不正確，那就很可能只會讓自己陷入更大的危機之中。

據說，鯊魚的攻擊性非常強，只要在海裡被鯊魚發現，很少人能夠死裡逃生。

奇怪的是，一名海洋生物學家羅福特研究鯊魚多年，經常穿著潛水衣游到鯊魚的身邊，和鯊魚近距離接觸，但是鯊魚好像一點也不介意他的存在，從來不曾向他伸出魔爪。

對此，羅福特解釋說：「鯊魚其實並不可怕。可怕的是人一見到鯊魚，自己就已經先害怕了。」

羅福特進一步說，人遇到鯊魚時，往往都會緊張得心跳加速，正是那快速跳動的心臟，引起了鯊魚的注意；大家不知道的是，鯊魚的感應方式和人類不同，牠們靠的不是眼睛，而是透過快速跳動的心臟在水中產生的感應波，發現獵物所在的位置。

只要人們能夠在鯊魚面前保持心情坦然，毫不驚慌，那麼鯊魚就不會對你構成任何威脅。就算牠不小心碰觸到了你的身體，只要你不緊張、不反擊，牠也不會攻擊你，只會從你身邊緩緩游走，往另一個方向尋找牠的獵物。

相反的，如果你一見到鯊魚就轉身想要快點逃命，那麼你就眞的註定要進到鯊魚的肚子裡去。

普勞圖斯曾說：「泰然自若是應付困境的最好辦法。」

其實，人身處困境時，適應環境的能力最爲驚人，因此身處困境的時候，更應該保持冷靜，從容面對不利自己的情勢，如此才能突破原本僵困危急的局面，幫助自己度過難關。

遇到危險的時候，我們首先應該抱持的想法是——跑，眞的有用嗎？

逃得掉的，當然就得快跑；若是已經來不及跑了，那就應該冷靜下來，想想其他的解決辦法。

人應該擺怯懦畏縮的負面個性，鍛鍊出積極穩健的理智，用理智面對眼前的危急，而不是一味想要逃避。

遇到「鯊魚」的時候，千萬不要慌張，也別急著逃跑。

作家米朗曾經寫道：「讓自己苦惱的事，並不會因為你什麼事都不做，只想躲避，就會自動消失不見。」

一味苦惱，並不能解決生活中的各種突如其來的危機，只會讓自己越活越懊惱。與其充滿恐懼、煩憂地爲了某些事苦惱，還不如利用這些苦惱的時間動腦，思考解決這些難題的方法。

人生許多問題都是如此，逃避只會讓問題越滾越大，而且越來越靠近。

與其一味地逃避，倒不如沉著冷靜地面對，你會發現，問題雖然有些棘手，但終究還是有辦法可以解決。

別讓功利掩蓋了自己的心

我們真正在乎的事物，其實一直都在我們的心裡。只要你願意專心地傾聽，你就一定能夠聽見你想聽的聲音。

人之所以活在無名的苦惱之中，是因爲我們經常有一個錯誤迷思，就是「我們必須要經過努力追尋，才能得到自己喜愛的事物」。

然而，很多時候我們喜愛的事物，其實遠在天邊，近在眼前，並不需要我們四處去尋找，只要我們集中精神，專心一意，自然就可以聽得見。

一名長年住在山上的農夫到城裡拜訪朋友。朋友帶著他搭計程車一路來到市

中心，下車之後，農夫驚喜地對朋友說：「聽，你聽見蟋蟀聲了嗎？」

「怎麼可能？這裡是大都市，到處高樓林立、熙來攘往，怎麼可能會有蟋蟀呢？更何況，旁邊的工地正在施工，機器發出來的噪音那麼大，就算眞的有蟋蟀聲，你也不可能會聽到吧！」

農夫二話不說，走到百貨公司門前的一處草叢裡，翻開其中一片葉子，讓友人見識一下那兩隻正在引吭高歌的蟋蟀。

「哇，這眞是太不可思議了！」城市人簡直不敢相信自己的眼睛：「你的聽力實在太好了，居然可以在這麼嘈雜的環境裡聽到蟋蟀的聲音！」

「如果你想的話，你也可以啊！」農夫笑著說：「其實，每個人都有這種能力，不信的話，我可以借你口袋裡的銅板做個實驗嗎？」

「當然可以，我這裡有幾十塊錢的銅板，你全都拿去用吧！」城市人立刻把口袋裡的銅板全都掏出來。

「仔細看好，特別注意那些原本眼睛沒朝我們這兒看的人！」說完，農夫把銅板拋在馬路上，銅板發出來的只是一些細微的聲響，但是，卻吸引了好多人突然轉過頭來看，甚至有人開始彎下腰撿錢。

「你看吧，每個人的聽力其實都差不多。差別只在於，你們城市人專注的是錢的聲音，我卻愛聽自然與生命的聲音。只要你願意專心傾聽，你就一定能夠聽見你想聽的聲音。」

英國作家史蒂文生曾經寫道：「真正的幸福，是指我們如何開始，而不是如何結束；指的是我們渴求什麼，而不是我們擁有什麼。」

人是爲了追求某些美好的事物才而樂觀、積極、充滿信念存在的。我們眞正在乎的事物，其實一直都在我們的心裡。只要你我不再苦苦依循別人的腳步跑，不再苦苦依循世俗的評判標準，認認眞眞地探索自己的內心，我們自然就可以聽見自己想聽的，得到自己眞正想要的。

2.

以平靜的心境面對困境

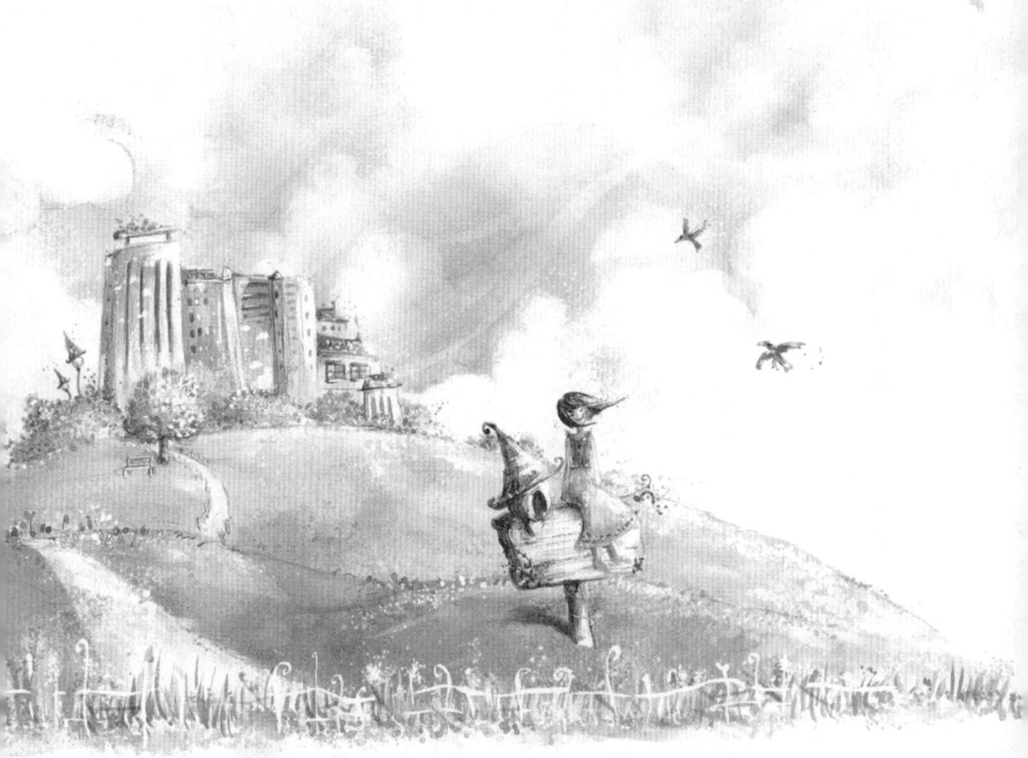

真正令人不舒服的，其實不是疼痛本身，
而是人們對疼痛的解讀。
幸運與否，其實不在於人的際遇，
而在於人自己的心境。

無能為力是因為你還沒出力

人們常常對現實環境感到無能為力，那只是因為你還沒找到可以使力的地方。只要停止抱怨，自然就會發現，自己能做的改變還有很多。

人們經常犯的一個錯誤，就是被環境限制，卻不願試著改變環境，只會整天怨東怨西，怪景氣、怪政府、怪鄰居……怪一切可以怪的東西，然後大嘆自己無能爲力。

事實上，所謂的「無能爲力」，很多時候只不過是自己根本不想出力。

有個中年郵差，打從二十歲起，就每天往返同一條路，把一封封重要的信件

從這頭送到那頭的村莊裡。

二十年過去了，什麼都改變了，唯一不變的是從郵局到村莊的那一條道路，還是一樣的單調，還是一樣的荒涼，觸目所及，沒有一花一草，只有飛揚的塵土。

已經邁入中年的郵差，開始領略生命的可貴，每當他想到自己剩餘的人生也必須騎著車子在這一條毫不美麗的小徑上度過時，心中總不免感到有些悲哀。那麼，爲什麼不想想辦法改變這條道路呢？

於是，郵差自掏腰包買了一些花的種子，從那天開始，每當他行經這條道路時，就順手把這些種子撒在往來的路上。

一天、兩天、一星期、兩星期……他持續不間斷地努力著。

幾個月以後，那個荒涼了二十多年的道路旁，竟然開了許多五顏六色的花朵，有的含苞待放，有的爭妍奪目，眞是美不勝收。村莊裡的人看了這番景緻，都說這份禮物比郵差二十多年來送達的任何一封信件都還要令他們開心。

最開心的是郵差本人，現在他每天必須經過的不再是一條佈滿塵土的荒涼道路，而是一條賞心悅目的美麗花街。上班對他而言，也不再是一份無聊的例行公事，而是一種悠然的自在享受。

費爾巴哈曾寫道：「理論不能解決的疑難問題，行動可以幫你解決。」

如果，你認爲應該做的事，不論理論上可不可行，儘管放手去做，因爲，不論做的好或不好，至少你已經往目標踏出第一步。

要改變大環境，確實不容易，但若從小地方著手，其實也不是那麼難。

如果你不能改變辦公室的低氣壓，那麼不妨從自己的辦公桌開始改變起。一盆鮮花、一張相片……也許都可以改善你上班時的心情。

如果你不能改變自己的位置，那麼起碼改變自己的姿勢，讓自己在這個位置上坐得比較舒適，這不是比抱怨更有益的方式嗎？

人們常常對現實環境感到無能爲力，那只是因爲你根本不想改變，或是還沒有找到可以使力的地方。只要你停止抱怨，實事求是，你自然就會發現，或許自己能做的改變還有很多。

誠實，是對人最好的測試

一個誠實的人，即使能力再差也做不出什麼天大的壞事，但是一個不誠的人，就算能力再好，也絕對不會誠心誠意的為你辦事！

在現代社會中，我們越來越感覺不到誠實的重要，反倒是說謊、做假的人，往往比較能佔到便宜。

然而，這只是一時的假象，說謊做假或許可以獲得暫時的利益，但最終還是會被人唾棄。誠實或許不會爲我們帶來什麼好處，但是，不誠實就一定會替我們帶來壞處。

一家大企業招聘高層人員，有一名年輕人通過重重關卡，成爲十名複試者中的其中一個。

複試由總經理貝克先生主持。當那名年輕人走進總經理辦公室時，貝克先生馬上從椅子上站了起來，先是露出疑惑的神色說：「是你？你是……」

接著，他露出又驚又喜的表情，主動走上前去握住那位年輕人的手：「原來是你！你知道嗎？我找你找了很長時間了！」

說完，他激動地轉過身去，向其他幾名面試官說：「先生們，容我向你們介紹一下，這位就是我女兒的救命恩人！」

還沒等那名年輕人反應，貝克先生又一個勁兒地說：「好幾年前，我和我女兒去划船的時候，我女兒不幸掉進了湖裡，當時，要不是這位年輕人見義勇爲，跳進湖裡把我的女兒救起來，我還眞不敢想像會有什麼樣的下場。眞抱歉，那時候我只顧著我女兒，還沒來得及向你說聲『謝謝』……」

雖然很尷尬，但是年輕人還是抿了抿嘴唇，鼓起勇氣說：「很抱歉，我想您認錯人了，我以前從來沒有見過您，更沒救過您的女兒。」

可是，貝克先生卻絲毫聽不進年輕人的話，仍然很熱情地說：「我不可能認錯人！難道你忘記了？三年前的五月二日，就在黃石公園裡，我沒有弄錯，一定就是你！」

「不，貝克先生，我想您一定是弄錯了，」年輕人很肯定地說：「我沒有救過您的女兒，甚至根本沒有去過黃石公園。」

貝克先生看見年輕人堅定的態度，一時之間愣住了。

只是，他又忽然笑了起來，對年輕人說：「這位先生，我很欣賞你的誠實，歡迎你加入我們公司！」

年輕人順利得到了他夢寐以求的職位。

進入公司以後，有一次，年輕人好奇地問總經理秘書：「救貝克先生女兒的那個年輕人找到沒有？」

總經理秘書一時之間被問得說不出話來，等到反應過來時，立刻大聲笑了出來，回答說：「貝克先生的女兒？你知道嗎？有七名複試者就是因爲他『女兒』而被淘汰了！其實，貝克先生根本沒有女兒。」

當你不知道該用什麼標準去評價別人時，可以想想這個故事。

試問，如果一個人曾經騙過你，之後他說的話，你是否會感到懷疑？如果可以，你會不會刻意和他保持距離？

你敢把重要的事交給他做嗎？

你敢把秘密說給他聽嗎？

伴隨「不誠實」的，往往就是「不信任」。人與人之間一旦缺乏信任，就不可能再有自然而眞誠的互動了。

置身在爾虞我詐的社會，當你不知道該用什麼標準評價別人，而苦惱不已時，只需要去評斷這個人是否誠實。

一個誠實的人，即使能力再差也做不出什麼天大的壞事，但是一個不誠實的人，就算能力再好，也絕對不會誠心誠意地爲你辦事！

以平靜的心境面對困境

真正令人不舒服的，其實不是疼痛本身，而是人們對疼痛的解讀。幸運與否，其實不在於人的際遇，而在於人自己的心境。

人生最常見的苦惱就在於，我們爲了避免讓自己痛若，因此千方百計地想讓自己過得舒服。

然而，逃避痛苦只會自己更加痛苦，眞正能夠讓自己舒服的方式不是避免疼痛，而是敞開心懷，去接受疼痛的感覺，心平氣和地與疼痛共存。

以「超人」一片聞名於世的克斯多弗．里夫，在一九九五年的一次墜馬意外

中受了傷，頸部以下全部癱瘓。

但是，他依然不肯認輸，經過一年的知覺訓練，脊椎末端的神經恢復了知覺。他說，只要輕輕碰它一下，就會出現疼痛的感覺，但是，這種疼痛的感覺令他覺得非常舒服。他補充說道：「請相信我說的全是眞的。」

的確，疼痛是一種痛苦，但若這樣的疼痛可以帶給人希望，那又是多麼舒服的一種感受。

人類最可貴的一種智慧，便是將每一種現象賦予意義。

心理學家曾在一九九二年巴塞隆納奧運會田徑比賽場上做過一項研究。他們拍下了二十名銀牌獲獎者和十五名銅牌獲獎者的情緒反應，事後發現，在宣佈比賽結果的那一刻，「第三名」看上去比「第二名」更高興。

心理學家經過更進一步地分析，爲這樣的現象提出了解釋。

他們認爲，獲得銅牌的人通常不是期望值高的人，能夠獲得銅牌就已經很高興了。但是銀牌得主通常是衝著金牌而來的，雖然他們得到了銀牌，但總不免有些和金牌失之交臂的遺憾。亞軍得主往往會在心裡想：「眞可惜，我差一點點就

是冠軍了。」但是季軍得主卻會想說：「能夠站上領獎台，眞是一種幸運，我差一點點就和名落孫山的第四名沒有兩樣。」

有人說，人生就是不斷選擇的歷程，抉擇決定了每個人的人生。

如果抉擇是無可避免的，那麼當你遭遇痛苦、折磨，走在人生的十字路口，最應該做的一件事，無疑是平心靜氣地面對眼前的困境，從迷惘中找到全新的出路。眞正令人不舒服的，其實不是疼痛本身，而是人們對疼痛的解讀。

如果你把痛苦當成是痛苦，那麼你當然會覺得痛苦萬分。但是，倘若你只當痛苦是一種不同於平時所感受到的其他感覺，也許你就可以體會到不同於你所認爲痛苦的感受。

幸運與否，其實不在於人的際遇，而在於人自己的心境。

下一次當你感覺痛苦的時候，不妨這麼想——還好，你還有感覺，比起那些失去知覺的人，你的痛苦又算得了什麼呢？

小心你的優點成為致命的缺點

俗話說，「聰明反被聰明誤」正是這個道理。一個人的長處，通常也會是他的弱點。

人們經常有的一個錯誤迷思，就是以爲「會傷害自己的，一定自己以外的人」，正因爲抱持著這種想法，事後才會爲了自己的輕忽懊悔不已。

事實上，朋友傷害你，必須要你自己先給他機會；敵人就算傷害你，也終究是有距離、有限度的。眞正能夠徹底摧毀一個人的，往往是那個人本身。

鱷魚是世界上現存最大的爬行動物，性情非常兇猛。

一旦發現獵物，牠就會無聲無息地游過去，以迅雷不及掩耳的速度將獵物殺死，動作快得令人難以想像。

鱷魚具有可以潛在水下一小時而不被淹死的本領，有助於遇到體形龐大的獵物時，潛在水底與對手進行較長時間的搏鬥。

當鱷魚咬上獵物時，便會不顧獵物的掙扎，不停地在水裡翻滾。很少動物經得起這樣激烈的翻滾，因此只要翻上幾圈或幾十圈，就算再兇猛的動物，也會被折騰得奄奄一息。

鱷魚就靠著這項絕技，得到了天生獵手的稱號。

但是，這項絕技也是鱷魚的致命缺點。

美國鱷魚專家格林特姆研究鱷魚已經有四十多年的經驗，許多鱷魚的習性都經由他的長期探究而揭露於世人面前。

一天，他發現，有一條鱷魚竟然被湖邊的樹藤勒死了。這個發現引起了格林特姆極大的興趣。

經過一連串仔細推敲，他判斷這隻鱷魚是在捕食一隻鳥時，一口咬到了樹藤，但是鱷魚以爲自己咬到的是鳥，拉扯不動獵物之後，使出了自己的看家本領，不停地在水中翻滾。

只是，牠越是翻滾，長長的樹藤就將牠纏得越緊，最後終於動彈不得，只得束手就擒。

格林特姆根據這個發現，發明了一種捕捉鱷魚的好方法。

他用一根穿著魚鉤的絲線來「釣」鱷魚，一旦鱷魚的表皮不小心被魚鉤勾住，便會根據面對敵人的經驗，使出自己的絕技，不停翻轉。

如此一來，牠整個身體很快就會被絲線纏得死死的。

再加上鱷魚皮是由好幾層纖維組成的，非常紮實，沒有辦法「金蟬脫殼」，只好任由人類利用牠自己的看家本領，輕易地將牠捉拿到手。

動物世界和人類社會每天都上演著優勝劣汰的殘酷競爭。或許，我們無法改變大環境，但至少可以不讓自己的優點變成致命的缺點。

一個人能否創造出一番成就，關鍵往往在於是否懂得用謹愼的態度，面對競爭激烈的人生戰場。

一個人越引以爲傲的長處，通常也會是他致命的弱點。

舉個例子，本領越高強的人，越習慣動不動就施展自己的看家本領。至於他的對手，則未必要具備與他相當的武藝，只需要了解他的習慣與弱點，就等於掌握了他的死穴。

日本知名的「決鬥者」宮本武藏之所以能屢次擊敗強勁的對手，關鍵就在於決鬥之前徹底摸清對手的習慣和弱點。

或許可以這麼說，一個人最大的敵人通常不是別人，而是自己的習慣，格林特姆捕捉鱷魚的方法不正說明了這點？

一個人的本領或許能夠保護他，但是一個人的習慣卻往往足以出賣他，只要習慣被別人掌握就會任人宰割。

少一分強迫也許會更添失落

成功無疑只是一連串強迫自己的結果。人在被強迫的狀態下，往往都是痛苦的，但這些痛苦也都是讓人成長的養分。

在難關面前，人們往往會產生兩種心態，其中一個是「我做不到」，抱持這樣想法的人永遠不會成功；另一種心態是告訴自己「我再試試看」，有著這想法的人，則往往會創造奇蹟！

其實，難關並不一定如想像中那麼困難，有時只要相信自己就能創造奇蹟，獲得原本認爲不可能得到的勝利。

美國有位知名的大學籃球教練，有一年接手擔任一個連輸了十場比賽的大學球隊教練。

新教練第一天到任，就對所有隊員說：「過去不等於未來，人生沒有失敗，有的只有暫時停止成功。不管過去大家的成績如何，從今天起都是一個全新的開始。」

雖然教練一席話提升了球員的士氣，但是到了第十一場比賽時，該隊再次落後了對手三十分。

中場休息時，每個球員都垂頭喪氣，一副大勢已去的樣子。

教練於是問他們：「你們要放棄嗎？」

球員的嘴巴雖然回答「不要」，可是失意的表情全寫在臉上。

教練看在眼裡，又繼續說：「各位，假如今天是籃球之神麥克．喬丹，遇到連輸十場，在第十一場又落後三十分的情況，喬丹會放棄嗎？」

「不，他不會放棄！」球員異口同聲地回答。

教練再問：「那麼，假如今天是拳王阿里在場上比賽，被打得鼻青臉腫，但是在比賽終了的鈴聲還沒有響起、比賽還沒有結束的情況下，你們認爲拳王阿里會不會選擇放棄？」

「當然不會！」球員們再次大聲地說。

「好，我再請問各位，換做是美國發明大王愛迪生來打籃球，遇到這種狀況，他會不會放棄？」

「不會！」這次球員們地回答更大聲了。

接著，教練繼續問：「那你們認爲米勒會不會放棄呢？」

大夥兒聽到這裡，忽然沉默了下來。隨即有人舉手問道：「米勒是誰？怎麼連聽都沒聽過？」

「是啊，」教練笑了笑，詼諧地說：「你們當然沒有聽過米勒這個名字，因爲米勒以前在比賽的時候選擇了放棄，所以從來就沒有人知道他是誰！」

英國政治家迪斯雷利曾說：「如果不知道自己想要什麼，就不會有機會，只有知道自己想要什麼，知道什麼才適合自己，才會看到機會。」

想要獲得成功，必須懂得激勵自己，繼而發揮自己的優勢，而不是動不動就選擇放棄，只會羨慕別人的成功。如果你不知道自己想要什麼，不知道自定位在哪裡，那麼即使機會從你面前走過，你也不懂得掌握。

自古以來成功靠強迫，成功無疑只是一連串強迫自己的結果。

沮喪的時候，我們強迫自己要振作起來；傷心的時候，我們強迫自己擦乾眼淚；想偷懶的時候，我們強迫自己不准怠惰；面對難題的時候，我們強迫自己多動腦；遇到挫折的時候，我們強迫自己向極限挑戰。

人在被強迫的狀態下，往往都是痛苦的，但這些痛苦也都是讓人成長的養分。

想要成功的人很多，但是真正成功的人並不光只是「想要」成功而已，他們不會光坐著唉聲嘆氣，會動腦想盡辦法「強迫」自己成功，所以他們都做到了自己原本做不到的事！

知足就是難得的幸福

知足就是幸福，一個人若是覺得不幸福，或許不是因為他真有多麼不幸，而是因為他要的東西實在太多。

人們經常有的一個苦惱是：「我還不夠成功，我還不夠有錢，我還不夠幸福」。

沒錯，成功和幸福是永無止盡的。滿分的成功幸福之上，還會有一百零一分的成功幸福，人往往爲了追求這多出的一點點，而把自己搞得煩悶不堪。

汲汲營營於成功、幸福的人，千萬要記住托爾斯泰的話：「一味追求大的幸福，連小的幸福也會丟失。」

有個天使來到凡間，希望讓遇見他的人們都能感受到幸福的美好滋味。

一天，天使遇見了一個苦惱的農夫，農夫向天使訴苦說：「我家的牛剛死了，沒有牠幫忙犁田，我要怎麼耕作？怎麼生活呢？」

天使於是賜給農夫一頭健壯的水牛，農夫非常高興，覺得自己眞是世界上最幸福的人了。

後來，天使又遇見一個沮喪的生意人，生意人說：「我的錢被朋友騙光了，我沒有錢回家鄉。」

天使於是給了他一些錢當旅費，男人非常高興，覺得自己很幸福。

又一天，天使遇見一個畫家，這個畫家年輕英俊，才華洋溢，含著金湯匙出生，又有一個美麗的妻子，但是卻過得不快樂。

天使問他：「你不快樂嗎？有什麼是我能幫你的嗎？」

畫家說：「我什麼都有了，只欠一樣東西，你能給我嗎？」

「當然可以，不管你要什麼，我都可以給你。」

畫家望著天使的眼睛，無比哀傷地說：「我想要的是幸福。」

天使想了想，點點頭答應了他的要求。只見天使大手一揮，竟出乎意料地把畫家的一切全部奪走。

瞬間，畫家沒有了才華，沒有了容貌，沒有錢，也失去了他的妻子。

天使看著畫家難以置信的表情，鐵著心腸拂袖而去。

一個月後，天使再次來到畫家身邊。這時候的畫家已經又窮又病，跟一個乞丐沒有兩樣了。

天使再次揮一揮手，把他原來擁有的一切還給他。

畫家笑了，因爲，他終於知道什麼叫做幸福了。

盧梭在《愛彌兒》裡提醒我們：「十全十美的幸福在世界上是不存在的，幸福是相對於痛苦的一種體驗。」

能夠理性面對自己的處境和客觀環境，才是知足的幸福人。

現在很流行角色扮演，當你覺得自己不幸福的時候，不妨試著設想那些天災地變中災民的處境，或許就會恍然發現其實自己已經很幸福了。

如果你總是覺得日子難過，也可以適時轉換念頭，便會發現許多事情實在不值得煩憂，不值得怨艾。

煩惱都是自找的，倘若一個人不懂得珍惜自己眼前的幸福，無論擁有多少人人稱羨的東西，依然還是會覺得空虛。

成功的眞諦，在於內心的充實；至於幸福的眞諦，其實就在於知足。

農夫只需要有一頭牛就能感到滿足，生意人只得到了回鄉的盤纏就已經開心得不得了。他們要的東西都不多，所以他們都覺得很幸福。

知足就是幸福，一個人若是覺得不幸福，或許不是因爲他眞有多麼不幸，而是因爲他要的東西實在太多。

事事都算計，只會讓自己懊惱不已

事事算計並不一定會讓生活更加如意，有時只是白費心機，讓自己遭遇失敗挫折時更加懊惱不已。

人們經常有的一個錯誤迷思，就是「我們應該要停下腳步，爲每一次失敗嘆息，爲每一場勝利歡呼」。

其實，生活就是生活，遭遇困難是生活；順順利利也是生活。過得了的，是生活；過不了的，也一樣是生活。

法國紀錄片〈微觀世界〉中曾經紀錄了一個這樣的場景：

一種綽號叫做「屎殼郎」的昆蟲，推著一個糞球走在不平坦的山路上。

途中，一根植物的刺直挺挺地斜長在路面上，這根刺根部粗大、頂端尖銳，十分顯眼。但是，屎殼郎似乎並沒有看見，牠推的那個糞球，一下子就扎在了這根巨刺上。

屎殼郎好像沒有發現自己遇到了阻礙，繼續賣力地推著糞球，只是無論牠多麼用力，那顆糞球都依然文風不動，停佇在原地。

牠試著正著走、倒著推，甚至還推走了糞球周邊的土塊，轉而由側面進攻，但仍然一點效果也沒有。

那顆糞球堅固地、安穩地、深深地扎在那根刺上，沒有絲毫移動的跡象。

然而，屎殼郎仍然不放棄，終於，牠繞到了糞球的另外一面，將它往上輕輕一頂，咕嚕一聲，頑固的糞球居然就這麼從那根刺裡「逃脫」出來了！

無疑的，屎殼郎打了一場漂亮的勝仗。

但是，更出人意料之外的是，屎殼郎並沒有爲自己的勝利歡呼，更沒有計劃要慰勞一下辛苦奮鬥後的自己。牠幾乎沒有做任何停留，只是繼續推著牠的糞球，以原來的步調往前走，就像什麼都沒有發生過一樣。

只留下電視機前的觀眾們，爲這樣的景象感到驚嘆不已。

對屎殼郎這種卑微的昆蟲來說，生命並沒有輸贏，也無所謂勝利與失敗，牠不像人類總是患得患失，每一分鐘都在算計，每一分鐘都在爲下一分鐘思考。牠只是很認命、很認眞地活著。

事事算計並不一定會讓生活更加如意，有時只是白費心機，讓自己遭遇失敗挫折時更加懊惱不已。

生活還可以有許多方式，生活除了輸贏以外，還可以有許多其他的選擇。

如果用腦袋、用智慧生活令人感到疲憊，或許我們也可以換一種不用腦的生活方式，不要試圖主宰生活，只要讓生活引領我們，自自然然地走向沒有終點的方向。

逆境是激發潛能的捷徑

人所面臨的困境，其實都是一種幸運，它們告訴我們當處於順境的時候，應該要步步為營，把握住每一個吸收養分的機會。

人們經常有的一個錯誤迷思，就是認爲「不虞匱乏才是幸福」。

事實上，不知道什麼是「匱乏」，沒有親身經歷過「匱乏」的人，就永遠學不會「珍惜」，也不會成長。

古羅馬思想家塞涅卡曾說：「偉人在困境中得到的歡樂，就如同英勇的士兵從戰鬥勝利中獲得喜悅一樣。」

逆境能夠促進一個人勤勞奮發，能夠使一個人發憤圖強，自力更生，激發出自己尚未開發的潛能。

一家動物園裡，來了一個餵河馬的年輕飼養員。

年輕飼養員第一天到任，老飼養員就再三告誡他說，不要餵河馬過多的食物，不要怕牠餓著，以免牠長不大。

年輕飼養員聽了這話，感到十分不以爲然，心想這是什麼謬論？他們的工作職責，不就是要確保每一隻河馬都能夠吃飽嗎？豈有讓河馬餓著的道理？這分明是老飼養員自己想要偷懶，又擔心被人舉發，所以才編出來唬弄他的。

因此，年輕飼養員決定按照自己的意思行事，只要有空，就會不厭其煩地替他負責的河馬補充食物。他養的河馬每一隻都吃得又飽又胖，遊客們見了，都忍不住讚美一番。

然而，兩個月以後，年輕飼養員發現，他養的河馬眞的沒有長大多少，反倒是老飼養員不怎麼餵的那一群河馬，卻長得飛快。

這究竟是爲什麼呢？可能是因爲河馬本身的體質不同吧。

老飼養員沒有多說什麼，只是跟他交換來養。

不久，老飼養員的那批河馬，又超越了他餵養的那一群。年輕飼養員感到非常疑惑，終於忍不住開口向前輩請教。

這時，老飼養員才向他解釋箇中的玄機：「你餵的那群河馬，因爲不缺食物，所以不把食物當一回事，他們是用嘴巴在吃，而不是用整個身體在吃，當然長不大。反倒是我養的河馬，因爲長期處於食物缺乏的狀態下。因此，只要有吃的，牠們就會十分珍惜，用盡全身的力量去吸收食物中的養分，自然會長得又快又壯。所以說，不給牠們食物不是對牠們殘忍，只是要讓牠們學會珍惜。珍惜不只是一種正常的心理現象，更是一種激發潛力的捷徑。」

法國文豪巴爾札克曾說：「困境是天才的進身之階，信徒的洗腳之水，能人的無價之寶，弱者的無底深淵。」

人生面臨的困境，其實都是種幸運。只要從積極的層面思考就可以發現，逆境是強迫自己成長的途徑，只有逆境才能逼我們多動腦，透過各種嘗試激發自己的潛能；處於順境的時候，應該要步步爲營，把握住每一個吸收養分的機會。

飢餓、貧窮、苦難……都是難得的鍛鍊，比起一輩子都不虞匱乏的人，漸入佳境、先無後有，更是一種得來不易的幸福。

不放棄努力，才能獲得勝利

遇到困難時，停在原處問題不會自動消失，困難不會奇蹟似的減輕，唯有咬緊牙關走下去，才能跨越障礙，迎向嶄新的未來。

有個人不小心摔了一跤，才剛剛爬起來，卻又不小心再次絆倒。這個人於是摸摸摔疼的屁股咒罵說：「他奶奶的，早知道還要再跌一跤，當初幹嘛還要爬起來呢？」

儘管有時候，事情的發展可能壞得讓人充滿無力感，雖然使盡力氣爬起來之後，還是有可能會再次跌倒，但是什麼都不做，一味地咒罵，壓力並不會變小，情況還有可能變得更壞。

有個傻瓜走在路上，突然覺得非常口渴，可是附近一間店家也沒有。

傻瓜在烈日下走了很久，好不容易才到一處河川前。

眼看著眼前滔滔江水，好不暢快，但是，傻瓜竟然只是呆呆望著河水向東流去，不肯彎下腰取一瓢水喝。

旁邊的人見了，覺得非常奇怪，問他：「你流了很多汗，難道你不覺得口渴嗎？爲什麼不取河水喝呢？」

只見傻瓜正經八百地回答：「唉，如果我可以把這些河水都喝完的話，我早就喝了！你看，這條河川多麼浩瀚，水那麼多，我恐怕怎麼喝也喝不完，所以乾脆就不喝了！」

自暴自棄的人往往有許多藉口，其中一個最常用的藉口是：「反正事情多得做不完，反正再怎麼努力也不可能做到和別人一樣好，反正今天做了明天還是一樣要再做，所以乾脆別做了吧！」

人生說短很短，說長也很長，走在人生的路途上，我們常常會有無助徬徨的時候，也難免會有看不見未來的時候。

但是，遇到困難之時停在原處，問題不會自動消失，困難不會奇蹟似地減輕，唯有設法克服，咬緊牙關走下去，才能跨越障礙，迎向嶄新的未來。

因此，我們別無選擇，只能繼續往前走。或許只要再往前走一小步，只要再多努力一會兒，一旦穿過迷霧的森林，就可以看見屬於自己的藍天。

3.

多嘗試，就一定能找到出路

如果你不知道自己什麼事情做得好，
什麼時候做不好，
那麼不妨就學無頭蒼蠅一樣，
多方面嘗試，不要為自己設定界線。

機會要靠自己努力爭取

機會要靠自己爭取，只要你願意冷靜思考，願意振作努力，每個人都可以有第二次機會。

成功並非偶然，挫折卻是人生的必然，遇上挫折之時唯一該做的是動腦突破困境，不是坐困愁城。

機會要靠自己努力爭取，一味沉浸在失敗的情緒中，只會讓自己進退失據，失去奮發向上動力。

希爾曼唸科羅拉多大學法律系一年級時，慘遭學校退學。

系主任說，希爾曼的成績太差，實在沒有資格再繼續做他們系上的學生。

希爾曼的父親親自去拜訪院長，但是院長卻回答說：「希爾曼的品性不壞，但是他不可能成爲一名律師。我建議他最好早點改行，或是乾脆留在他周末打工的那個雜貨店裡工作。」

希爾曼也親自寫了封信給系主任，希望系主任能夠再給他一次機會，但是音訊全無。

生平第一次，希爾曼感到如此茫然。

他的求學之路一向順遂，也因此，上了大學之後，花了太多時間在打工和運動上面，根本沒有時間讀書，導致功課一落千丈，唯一表現突出的，只有體育課、西班牙語課，和一些團康課程。

希爾曼的父親知道兒子的志願就是要成爲一名律師，建議希爾曼不妨改去上威斯敏斯特法律學院，那兒有開設夜間部課程。

雖然父親的提議對於目前的希爾曼來說不失爲一盞明燈，但是他卻強烈覺得自尊心掃地。

他原本讀的科羅拉多大學在法律界極負盛名，從那裡畢業的學生，幾乎後腳都還沒有跨出校門，前腳就已經踏入知名律師事務所的大門。

至於威斯敏斯特則是一所窮人學校，不僅教課的老師大都是來兼差的客座教授，就連來上課的學生也泰半是白天工作的兼職學生。在那樣的學校讀書，將來能有什麼好出路呢？

但是，無路可退的希爾曼最終還是硬著頭皮去見威斯敏斯特學院的校長。

令他感到意外的是，校長並沒有敞開雙手歡迎他這個被名校趕出來的退學生，相反地，校長告訴他說，除非他重新修過一年級的所有課程，否則學校並不歡迎他。校長注視著希爾曼的眼睛，嚴厲地對他說：「我將時刻監督你。」

從那一刻起，希爾曼明白這是他唯一的機會了。如果他沒有好好把握這次機會，恐怕就要終生與律師這一行絕緣。

正是懷著這樣的心態，希爾曼在威斯敏斯特學院裡加倍努力學習，並在法律證據研究方面發揮了他的專長。

二十八歲那年，他成了丹佛市最年輕的鄉村法官。之後，他又當選了地方法

院法官，接著被總統任命爲美國聯邦司法部地方法院法官。

憑著長期以來在法界的出色表現，到退休的時候，他獲得了科羅拉多大學頒發的喬治．諾林獎，以及名譽法學博士的學位。

人們總是在失去機會的時候，才懂得珍惜機會。

然而，機會要靠自己爭取，只要你願意冷靜思考，願意振作努力，每個人都可以有第二次機會。

因此，千萬不要因爲一次的失敗而灰心。有時候，失敗是上天給人最好的啓示，讓我們了解要把握每一個擁有的當下。

只要可以從逆境中爬起來，你就一定能夠找到第二次機會！只是，第二次機會往往也都是最後一次機會。如果你還不懂得把握這次機會，那麼就是你自己不再給自己機會！

自負只會阻擋自己進步

當一個人認為自己比別人都高明，人生境界就不可能太高；當一個人沉醉於頭頂上的光環，其實已經忘了怎麼低頭做事。

人最常犯的一個錯誤就是以眼前的景況衡量未來，尤其稍有成就之後，會以爲現在是這樣，以後也一定會是這樣，最後在自負之中迷失。

古希臘哲人埃斯庫羅斯曾經寫道：「人不應該有高傲之心，高傲會開花，結成破滅之果。在收穫的季節裡，會得到止不住的眼淚。」

永遠不要以爲自己是最好的。自負除了阻止你進步之外，沒有其他的價值。

即使你站上了世界的最頂端，你也一定要記住，你的頭上還有天空，天空之上，還有太空，你永遠不會是最崇高的。

耶魯大學三百周年校慶之際，全球第二大軟體公司「甲骨文」的行政總裁，也是世界排名第四的富豪艾里森應邀參加典禮。

艾里森上台對畢業生致詞時，出人意表地說：「所有哈佛大學、耶魯大學等名校的師生，都自以爲是成功者，其實，你們全都是失敗者！你們以出過比爾．蓋茲這些優秀學生爲榮，但比爾．蓋茲並不以在哈佛讀過書爲榮。」

此話一出，全場師生聽得目瞪口呆，內心憤怒卻又不知道該怎麼反駁。

但是，艾里森還不肯罷休，繼續接著說：「很多最頂尖的人才非但不以哈佛、耶魯爲榮，而且，他們根本就把那種榮耀棄如敝屣。比如說，世界第一首富比爾．蓋茲，中途從哈佛退學；世界第二富豪保爾．艾倫，根本就沒上過大學；世界排名第四的有錢人，就是我艾里森，被耶魯大學開除；世界第八名富豪戴爾，只讀過一年大學。」

「微軟公司的總裁斯蒂夫．鮑爾默在財富榜上大概排在十名以外，他和比爾．蓋茲是同學，爲什麼他們的成就差了一大截呢？因爲他讀了一年研究所之後，才戀戀不捨地捨棄了他的學位……」

台下的聽眾聽到這裡，雖然心裡五味雜陳，相當不是滋味，但也不得不認同艾里森所說的並沒有錯。

這時，艾里森轉而開始「安慰」那些自尊心受損的耶魯畢業生：「儘管如此，在座的各位，你們的人生還是充滿希望的。因爲你們經過這麼多年的努力學習，終於擊敗了那些能力不如你們的人，贏得了爲我們這些人工作的機會。這不就是你們終生所追求的目標嗎？」

艾里森的話也許不動聽，但是卻內含一份苦心。

人總是以自己曾經擁有或目前擁有的東西爲榮，認爲自己出生在一個良好的家庭、畢業於一所有名的大學、服務於一家頗有前景的公司，就一定比別人高貴，或是比別人成功。

然而，這些只是想像，在瞬息萬變的時代，眼前的優勢並無法保障自己一輩子。當一個人認爲自己比別人都高明時，人生境界就不可能太高；當一個人沉醉於他頭頂上的光環時，其實已經忘了怎麼低頭做事。

身分、名牌、財富……這些東西是許多人汲汲營營追求，認爲値得自己引以爲傲的事物，但是我們要知道，沒有一種身分是全世界最高貴的，沒有一個頭銜是自己可以一輩子受用的。

沉溺於安逸會讓自己陷入危機

令你感到安全的東西，其實也是最危險的，因為那會讓你忘卻了危險，忘記了自己所處的環境其實危機四伏。

美國勵志作家布魯克斯提醒我們：「生活中最大的危機，就在於安於現狀，一點都不想改變。事實證明，不想改變只會讓你越活越煩惱。」

熟悉的事物會讓人沉溺於安逸的情況中，讓人很難有新的進步。想要超越過去的自己，就應該大膽踏出舊有的框界，挑戰陌生的領域。

一家傳銷公司正在對新進的業務員進行培訓。

主管在白板上畫了一個圓圈，圓圈中央站著一個人。接著，他在圓圈裡頭加上了一棟房子、一輛汽車和幾個朋友。

然後，他對業務員說：「這是會讓你感覺到舒服的區域，我們把它叫做『舒服區』。在這個圓圈裡，每樣東西對你來說都很熟悉重要，比方說你的房子、你的家庭、你的朋友，你的工作……只要待在這個圈圈裡頭，人們就會覺得安全、自在，遠離危險或爭端。但是，現在誰能告訴我，當你跨出這個圈圈之後，會發生什麼事？」

衆人沉默了一會兒，有一個學員舉手，小聲地說：「會感到害怕。」

另外一位學員則說：「會做錯事。」

主管聽了，微笑地說：「很好，當你做錯事，你會得到什麼結果呢？」

「會受到懲罰。」一名學員回答。

「得付出代價。」另外一名學員說。

「會從中學到經驗與教訓。」有一名學員回答得很大聲。

主管露出滿意的笑容，回應道：「正是如此，你會從錯誤當中學到很多有價值的東西。」他繼續說道：「我們必須要離開舒服區，才能讓自己有犯錯的機會，才能學到以前不知道的東西，透過這樣的經驗，將會增長自己的見聞，才能有所進步。」

說著，主管再次轉向白板，在原來圈圈之外畫了一個更大的圓圈，並且在大圈圈裡加上了新的東西，例如更多的朋友、一座更大的房子……等等。

接著，他對業務員說：「如果你老是在自己的舒服區裡頭打轉，不肯踏出來，你就永遠沒辦法進步。只有當你跨出舒服區以後，才能讓自己人生的圓圈擴張變大，才能把自己塑造成一個更優秀的人。」

千萬不要滿足於自己現有的小圈圈，因爲外面的世界總是不斷變化，如果你不懂得隨時擴展自己圓圈，那麼你的小圈圈就會被外在環境壓縮得更小。

到時候，你的小圈子便再也容不下車子、房子、朋友……，再也容不下那些令你感到安全的事物。

那時你就會發現，這個世界上根本沒有所謂的「舒服區」，因爲一旦你放心地沉浸於眼前的舒適，很快地，你就會開始覺得不舒服。

要知道，令你感到安全的東西，其實也是最危險的，因爲那會讓你忘卻了危險，忘記了自己所處的環境其實危機四伏。

所以，我們應該隨時把自己置身於「舒服區」的邊緣，永遠一腳踩在圈圈內，一腳跨到圈圈外。如此，一方面可以享受自己已經擁有的成就，另外一方面也可以按部就班，有效率、有計劃地向外探索未知的領域。

多嘗試，就一定能找到出路

> 如果你不知道自己什麼事情做得好，什麼時候做不好，那麼不妨就學無頭蒼蠅一樣，多方面嘗試，不要為自己設定界線。

奮鬥的過程中，人難免會有茫然無措，覺得自己像隻無頭蒼蠅的時候。

然而，只要能夠記取經驗和教訓，有時做隻無頭蒼蠅其實也沒有什麼不好。

如果你不能確定什麼事情該做，什麼事情不該做，如果你不知道自己什麼事情做得好，什麼時候做不好，那麼不妨就學無頭蒼蠅一樣，多方面嘗試，不要爲自己設定界線。

美國康奈爾大學的威克教授曾經做過一個實驗，把幾隻蜜蜂放進一個平放的瓶子裡，瓶口敞開卻向著黑暗，瓶底則向著有光的一方。

只見蜜蜂們不停地向著光亮的地方飛動，然後不斷撞向玻璃瓶壁。最後，牠們飛得精疲力竭，卻依然還是沒有辦法從瓶底飛出去。於是牠們奄奄一息地停留在光亮處，不肯再做任何努力，也沒有想過其他的可能。

威克教授接著倒出蜜蜂，在相同的條件下，在瓶子裡放進幾隻蒼蠅。

才幾分鐘的時間，瓶子裡的蒼蠅飛得一隻也不剩。

理由很簡單，蒼蠅不像蜜蜂一樣執意往光亮處飛行，牠們會多方嘗試，向上、向下、向光、背光，只要試過以後發現行不通，就會立刻改變方向。

雖然牠們必須經歷許多次錯誤與失敗，但是，牠們最終還是會找到出口，用自己不懈的努力，改變了原本可能會像蜜蜂一樣的命運。

德國作家哈格多斯曾經寫道：「想要成功嗎？秘訣很簡單，那就是不要害怕失敗，不論失敗幾次，都要繼續嘗試。」

人生最重要的是多方嘗試，多為自己留下一些失敗的空間，多為自己爭取一些失敗的機會。

當你失敗越多次，就會漸漸明白自己「不適合」做某些事，便會知道自己「適合」做哪些事。

不是每個人都能夠很早就確定自己的人生道路該往哪個方向前進，若是你的志向還不夠堅定，那麼你或許應該要從「不執著」開始學起。

放棄就等於失去競爭力

通往成功的路上未必是一片坦途。不放棄，未必會成功；但是放棄了，就一定不會成功。

詩人朗費羅曾寫道：「失敗可能是變相的勝利，低潮就是高潮的開始。」眞正的強者不會向失敗低頭，而會再接再厲，勇敢向困難挑戰。一個成功的人，什麼事都可以做，什麼虧都可以吃，什麼路都可以選，但是他們的字典裡，從來沒有「放棄」這兩個字。

戴維斯是世界一流的保險推銷大師。

在他的退休大會上，許多同行都問他：「推銷保險的秘訣是什麼？要怎麼樣才能像你這麼成功呢？」

對於這個問題，戴維斯早有準備。他命人抬出一座鐵馬，鐵馬下面垂著一個大鐵球，這顆鐵球看起來十分沉重，需要出動四名彪形大漢才扛得動。

當鐵馬被放到講台上之後，戴維斯手持一個小鐵鎚，朝大鐵球敲了一下，大鐵球一動也沒有動；戴維斯又敲了一下，大鐵球還是不動。就這樣，戴維斯一句話也沒有說，只是一下接著一下地敲著鐵球。

十分鐘過去了，大鐵球文風不動；二十分鐘過去了，大鐵球依然不動如山。底下的來賓開始有些騷動了，部分的人開始悄悄離場，越到後來，走掉的人越多，到最後只剩下零星幾個人。

但是，戴維斯拿著鐵鎚的手沒有停過，依舊全神貫注地繼續敲著大鐵球。

大約一個小時以後，大鐵球終於開始慢慢地晃動了，隨著戴維斯一下又一下的敲擊，鐵球搖晃的幅度越來越大，到後來就算有人想讓大鐵球立刻停下來，恐怕也很不容易！

這時，戴維斯才以堅定無比的口氣對台下的來賓說道：「我成功的秘訣，就是只要方向對了，就絕不放棄，一直到取得成功爲止。」

通往成功的路上未必是一片坦途。

麥可喬丹曾經被高中籃球校隊拒絕過；海明威據說修改了《老人與海》這部小說八十次，才將它付梓；理查胡克花了七年的時間寫出詼諧戰爭小說《外科醫生》，並且一共遭受過二十一家出版商拒絕……

但是，無論遭遇多少挫敗，他們都仍然堅持去做他們認爲自己應該做的事，所以他們的努力最後都得到了美好的回報。

不放棄，未必就一定會成功；但是放棄了，就一定不會成功。放棄就等於失去競爭力，你是要放棄，還是不放棄？

用夢想代替頹喪

夢想是人類進步的原動力，只要我們有夢想，我們就有了奮鬥的方向，只要方向對了，那麼成功也不遠了。

所有人的改變都有一個共同的出發點，就是他們心中有夢，不管遇上什麼難題，都會想辦法圓夢。

夢想是人類進步的原動力，只要我們有夢想，我們就有了奮鬥的方向，只要鍥而不捨朝這個方向前進，那麼成功也不遠了。

戴爾是個社會學家，一心以幫助窮人爲志。

有一天，他奉命來到一座貧窮的小鎮，和當地二十五個靠政府救濟金生活的窮人會面，希望能夠幫助這些人改善原本的生活，脫離貧窮。

當他見到這些窮人，問他們的第一個問題是：「你們有什麼夢想？」所有人都用怪異的眼神看著戴爾，好像他說的是火星話一樣。

「夢想？我們連吃飯都成問題了，哪還有時間做夢？」一個面黃肌瘦的寡婦沒好氣地回答說。

戴爾笑了笑，耐心地解釋：「夢想和做夢不一樣。不管你們的生活多麼困苦，總會希望得到些什麼，希望自己想像的某件事情可以實現，這就是夢想。」

那名寡婦說：「我還是不知道你所謂的夢想是什麼東西。我現在最想趕走野獸，因爲牠們總是想闖進我家咬我的孩子，這算是夢想嗎？」

大夥兒聽了，都笑了起來。戴爾說：「喔！那妳想過什麼辦法沒有？」

寡婦回答說：「我想裝一扇牢固的、可以防禦野獸的新門，這樣我就可以安心地出去工作了。」

「那你們當中有誰會做防獸門嗎？」戴爾對著衆人問。

一個看起來有些狼狽的瘸腿男人說：「很多年前我曾自己做過門，但是現在不知道還會不會做。不過，我想我可以試試。」

戴爾點點頭，繼續問其他人還有些什麼夢想。

一個單親媽媽說：「我想去上課，學習怎麼去當個秘書，可是要是我出門了，就沒有人可以照顧我的四個孩子了。」

「那麼，有誰可以照顧四個孩子？」戴爾問。

一位孤寡的老太太舉手說：「我以前曾經幫我的姊妹帶過孩子，我想帶孩子這件事情難不倒我。」

戴爾於是給那個瘸腿男人一些買材料和工具的費用，並且安排那名單親媽媽去上免費的秘書課程，然後結束了這一次的面談。

一個月以後，戴爾再次來到這座村莊。

他看見那名面黃肌瘦的寡婦氣色明顯紅潤了許多，因爲家裡有了防獸門，她可以放心地出去種菜；瘸腿男人做的門贏得了衆人的讚賞，每個村民需要木工的時候，都會第一個想起他；單親媽媽在學會電腦文書處理之後，找到了一份足以養活自己和四個孩子的工作；獨居老太太成了一名職業褓姆，不但每天有許多可愛的孩子作伴，也體會到了自力更生的滿足感。

在這個故事中，我們看到兩名勇敢的媽媽爲了養育子女所做的努力，但是我們同時也看到了男人和老太太爲了幫助別人實現夢想而付出的心力。

原來，美夢不一定是要爲自己而做，幫助別人實現他們的夢想，我們一樣也可以得到美夢成眞的快樂。

如果你實在找不到自己的人生目標，或是你已經實現了你全部的夢想，那麼不妨把別人的夢想當成自己的夢想，努力爲別人著想。

幫助別人，能夠讓你感受到自己的價值；只要你肯定了自己的價值，你必定能得到更多實現夢想的滿足。

動動腦，替自己規劃成功進度表

比衝刺更重要的，是佈局；比滿腔熱血更重要的，是冷靜沉著。與其急著看見成果，不如多花點時間完善自己。

如果你想做的事情很多，如果你的夢想很遠大，那麼你不妨先定下自己的志向，列出達成這個志向所要具備的元素，然後一項一項地尋找，一步一步地達成自己的夢想。

一個美國年輕人中學畢業之後，立志做一名優秀的商人。

但是，他並不循著一般人會走的路去唸商學院，而選擇專攻麻省理工學院當中最普通、最基礎的專業機械。

因爲，他不但已經決定要做一名商人，還已經想好了要做一個「賣什麼東西」的商人。

大學畢業之後，這名年輕人又花了三年時間，取得經濟學碩士的學位。這具備了一個商人所應有的知識與素質。

出人意料的是，拿到學位之後，他還是沒有立刻投入商界，而是考取了公務員，到政府部門工作。

在那裡，他認識了很多政府官員，開始建立起自己的人脈網絡，並且在與人交際的過程中，培養自己機敏、幹練和臨危不懼的個性。

在政府部門工作了五年之後，他毅然決然地辭職從商，結果成績斐然。

兩年之後，他成立了拉福貿易公司，短短二十年時間，拉福貿易公司的資產從最初的二十萬美元進展到兩億美元。

這家公司的老闆，正是美國知名企業家比爾．拉福。

從比爾．拉福的身上，我們可以看到，成功的人一定是個深謀遠慮的人。比爾．拉福並不急於達成目標、完成夢想，相反地，他先花很多時間充實自己，讓自己具有足夠的能力，然後才全力朝夢想衝刺。

每個人都有自己的成功時間表，有的人少年得志，有的人大器晚成，每個人成功的時間都不一樣，但是不急於一時的人，總是能獲得更大的成功。

通往成功的路上，比衝刺更重要的，是佈局；比滿腔熱血更重要的，是冷靜沉著。

與其急著看見成果，不如先動動腦想想自己的人生藍圖，替自己規劃成功進度表，多花點時間完善自己。這麼做也許這會延遲你成功的時刻，但是也會相對地延長你成功的時間。

改變心態，事情自然變得簡單

面對困難最好的方法，就是把事情想得容易一些。再怎麼複雜的事情，只要分解成一個個簡單的步驟，就一定可以做到！

作家黛恩在《改變心境，就能改變環境》書中說：「事情成敗往往由心境決定，不是由智商決定，只有懂得改變心境的人才能改變人生，獲得自己想要的成就。」

確實，事情的難易程度，很多時候都源自我們的認知。心態可以決定一切，只要心態穩定，事情自然變得簡單。

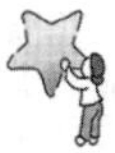

從前有一個村落，距離京城足足有兩百里路，當地居民必須徒步走上一整天才能到達京城。偏偏這個村落的水質甘美，國王每天都指定要喝這裡的水，因此，居民們也必須天天都走兩百里路，不辭辛勞地把泉水運到京城。

久而久之，這裡的居民感到非常疲憊，厭倦了每天都必須長途跋涉兩百里路，更厭倦把自己大半的生命浪費在運送泉水這種無聊的工作上。於是，村民一個接一個遷徙到別處居住，越來越少人願意留在村子裡。

村長知道居民的想法之後，爲了防止人口繼續外移，於是想出了一個好辦法。這天，他召集全村村民，對大家說：「各位的辛勞我都知道，國王也對大家的付出感激不盡，爲了讓大家繼續快樂地生活在這裡，我會去請求國王，讓他把到京城的兩百里路縮短爲一百二十里，這樣的話，你們每天往返京城就可以少走一點路，不是很好嗎？」

村民們聽了這個消息，都感到非常高興。

雖然他們每天仍要花一樣多的時間走路，雖然他們走的還是和從前一樣的那條路，但是他們都十分慶幸自己現在只需要走一百二十里路呢！

先別嘲笑村長的餿主意和村民「驚人」的智力，很多時候，人需要的就是這種欺騙自己的智慧。

同樣的距離，如果你告訴自己那是兩百里路，就會覺得路途遙遠，連多走一步都有心無力。但是，倘若你把它想成只有一百二十里路，不知爲何，便有了隨時出發的勇氣。

感覺疲累的時候，告訴自己只要再多努力五分鐘就好。撐不下去的時候，告訴自己還差一小步而已。面對挑戰的時候，在心中默唸這根本不算什麼。懷疑自己目標的時候，對自己說距離只有一百二十里路而已。

面對困難最好的方法，就是把事情想得容易一些。天下無難事，再怎麼複雜的事情，只要把它分解成一個個簡單的步驟，你就一定可以做到！

保持速度，才能持續進步

當你想要偷懶的時候，告訴自己：學習每一件事都要像練功一樣，一日不練，不進則退；三日不練，前功盡廢。

俄國作家克雷洛夫曾說：「有天分而不持續運用，天分一定會消退。如果你不掌握向前邁進的速度，那麼你將在慢性的腐朽中逐漸衰滅。」

如果你想要浮在檯面之上，永遠不能停止前進的速度。

當你想要偷懶的時候，可以想想以下這個值得深思的故事。

海爾集團的CEO張瑞敏在一次中階幹部會議上提出這麼一個問題：「石頭

要怎麼才能在水上漂起來？」

大夥兒提出了五花八門的答案。

有人說：「要把石頭掏空。」

張瑞敏搖搖頭，回答說：「石頭掏空了，還叫石頭嗎？那不成雞蛋殼了？」

也有人說：「把它放在木板上。」

張瑞敏還是搖頭說：「不能用木板。」

甚至有人說：「用假石頭不就得了！」

張瑞敏反諷道：「那你爲什麼不乾脆用假的水呢？」

他再一次認眞地問：「石頭是眞的，水也是眞的，請問要怎麼讓一塊眞的石頭漂在眞的水上面呢？」

終於有個人靈光一閃，站起來回答說：「速度！」

張瑞敏這時才露出滿意的笑容，點點頭說：「對了，關鍵就在於速度！《孫子兵法》上說：『激水之疾，至於漂石者，勢也。』一塊石頭想要在水上漂起來，就必須仰賴速度才行。」

大多數人都玩過「打水漂」這個遊戲，把一顆石頭往水上擲過去，擲得好，石頭可以在水面上彈個好幾下才落入水底。

石頭落入水底之前，支撐石頭在水上「飛」的，正是速度。

是的，石頭只有在速度夠快的時候，才能「飛」起來。人也是一樣，只有保持一定速度的時候，才能不沉入水底。

當你想要偷懶的時候，必須告訴自己：學習每一件事都要像練功一樣，一日不練，不進則退；三日不練，前功盡廢。

停下來，你不會停留在原地，你只會沉到水裡去。

4.

不要讓失敗成爲阻礙

好好學習「失敗」這一課，

失敗固然阻礙了出路，

但也隱約暗示我們應該要轉彎。

失敗不光只是一項考驗，更是一個啟示。

把身後的門關上，昂首邁向前方

關門不只是把過去的一切拋在腦後，也是讓自己確確實實地揮別過去的自己。不是完全地遺忘過去，而是把過去仔細地整理好。

日本作家武者小路實篤在《人生論》裡說道：「人要盡可能避免過去的錯誤。但是，對於過去的事耿耿於懷，從而背上十字架，是毫無意義的。」

想擺脫無謂的苦惱，應該有的一個觀念就是「帶著微笑迎向未來！過去的事情就讓它過去吧，不需要再去回想」。

據說，英國前首相勞合．喬治有一個很特殊的習慣，就是絕對不會忘記隨手

關上身後的門。

有一天，勞合．喬治和朋友到院子裡散步，每當走過一扇門，總是隨手把身後的門關上。

「爲什麼要這麼做呢？」朋友感到很納悶，於是問他：「你有必要花力氣去把這些門關上嗎？」

「喔，當然有必要。」喬治笑著說：「我這一生付出最多努力做的事，就是不停地關上我身後的門。要知道，當你關門時，你也將過去的一切都留在後頭，不管那是美好的成就，還是令人懊惱的錯誤，當你把門關上以後，你都可以不必再爲它們煩惱，然後，你又可以集中精神，重新開始。難道你不認爲這是比打開眼前的門更重要的事嗎？」

或許，喬治正是憑著這種精神，才能一步一步堅毅地走向了成功，踏上了英國首相的位置。

人的潛意識往往比我們以爲的還要固執，記性也比我們以爲的還要好。過去的事情也許已經成爲過往的歷史，但仍會停留在我們的深層記憶裡，在我們最沒有防備的時候，冷不防地冒出來扯我們的後腿。

因此，我們應該要養成「隨手關後門」的習慣。

關門這個動作，不只是把過去的一切拋在腦後，也是讓自己確確實實地揮別過去的自己。當然，不是完全地遺忘過去，而是把過去仔細地整理好。

關上身後的門，是決斷，也是省思之後的積極做法。我們不能讓過去就這麼平白無故地過去，而要把過去的經驗仔細思考清楚，記取教訓以後，再關上門，讓它平靜地過去。

不要讓失敗成為阻礙

好好學習「失敗」這一課，失敗固然阻礙了出路，但也隱約暗示我們應該要轉彎。失敗不光只是一項考驗，更是一個啟示。

美國作家威特勒在《成功的關鍵態度》中告訴我們：「生活中的那些逆境和失敗，如果我們把它們視為正常的反饋來看待，就會幫我們增強免疫力，防禦那些有害的反應。」

人都會遭遇失敗，也會因爲失敗而苦惱不已。失敗雖然令人付出慘痛的代價，但是在這些代價之中，也不乏有令人成長的智慧。只要願意動腦檢討失敗的原因，那麼失敗將會是成功的開始。

當你屢戰屢敗的時候，不妨想想這個故事。

有位美國電影製片人，年紀輕輕就晉升爲好萊塢二十世紀福斯公司的高階主管。然而，因爲他建議拍攝的〈埃及豔后〉票房奇差，加上公司大幅裁員，所以首當其衝，很快就丟了飯碗。

接著，他去到紐約，在新美利堅文庫擔任編輯部副總裁，但是由於和公司董事意見不合，又再次慘遭開除。

於是，他又回到二十世紀福斯公司，這一次，他在公司裡整整待了六年，不過，董事會不喜歡他建議拍攝的幾部影片，所以又一次被炒魷魚。

經過一連串失敗的打擊，他開始靜下心來檢討自己的工作態度。他把自己的行事風格歸納爲：敢言、肯冒險、相信自己的直覺。他非常痛恨「委員會」這種以非專業人士指揮專業人士的管理方式，也不喜歡大企業的保守作風。

他發現自己不適合在大機構裡頭生存，但是卻具備了當老闆的特質。

最後，他決定放手一搏，自籌資金、自立門戶，後來成功推出了〈大白鯊〉、

〈裁決〉、〈天繭〉……等多部膾炙人口的影片，在美國電影製片業中打下了一片江山。

當記者採訪他的成功秘訣時，他回答說：「我是一位失敗的公司行政人員，卻是一個成功的企業家。早年的失敗，只不過是因爲我沒有將自己擺對位置，所以無法充分發揮自己的潛力，後來我之所以成功，正是因爲我懂得檢討自己爲什麼失敗。」

樂聖貝多芬曾經說過：「卓越的人的一大優點就是，在不利與艱難的遭遇裡，他們往往表現得百折不撓。」

很多人把自己的失敗歸咎於「運氣」、「時機」，甚至是「別人」，這些只會怨東怨西卻不願動腦省視自己的人，正剝奪了自己成長的機會，同時也抹煞了自己未來成功的可能性。

因此，我們應該好好學習「失敗」這一課，失敗固然阻礙了出路，但也隱約暗示我們應該要轉彎。只要懂得汲取失敗的教訓，便能在一次次的轉彎當中，找出成功的方向。

失敗不光只是一項考驗，更是一項通往成功的啓示。

當你屢戰屢敗的時候，請記得：下次再戰之前，先檢討你的失敗！

讓習慣成為助力而不是阻力

一個能夠改掉壞習慣、養成好習慣的人，一定是個有毅力的人，這份毅力，將會在奮鬥的過程中，助你一臂之力。

有句話說：「一個人的習慣有多好，他的人生就會有多好。」相反的，若是一個人有太多壞習慣，人生必定也充滿荊棘坎坷。

命好不如習慣好，習慣是決定成敗的關鍵。

當你想改變你的人生時，不妨先想想該怎麼改變自己的習慣。

約翰是大亨身邊的心腹重臣，若要說到拍馬屁，誰都不是他的對手！

每當大亨當眾發言時，他就會在一旁使勁的鼓掌喝彩，久而久之，大亨不管去到哪裡，都習慣帶著他這台「自動拍手機」，就連出門旅遊時，也把約翰當成必備「行李」之一。

有一次，大亨和約翰一同乘坐私人直昇機出外旅行時，飛機突然發生故障，需要緊急跳傘逃生。

然而，客艙裡的降落傘只有一個，也就是說，能夠保住性命的，只有先搶到降落傘的那一個人。

大亨二話不說，一把搶走降落傘，轉身就朝窗外跳下去。

沒想到約翰一向反應過人，趁著大亨跳傘的瞬間，抱住了大亨的腿，也一塊兒隨大亨跳了下去。

只是，降落傘原本的設計只能承載一個人的重量，現在突然增加了一個人，怎麼承載得起呢？

只聽見「啪啪」兩聲，降落傘的傘繩接二連三斷裂。

大亨嚇得臉色蒼白，大聲命令約翰放手。但是，不管他開出多麼優渥的條件威逼利誘，約翰都緊緊黏著他不放。

就在這個時候，大亨突然急中生智，清了清嗓子，以沉穩的聲音開始發表演說：「各位先生女士……」

此話一出，約翰就像聽到指令似的，立刻爲主人拍手鼓掌喝彩。他這一拍手，整個身體就直直向下墜去。

好不容易甩掉麻煩的大亨看了，鬆了一口氣，慶幸地說：「幸虧他有這個習慣，要不然我還不知道要怎麼讓他鬆手呢！」

俄國教育學家烏申斯基曾經這麼說：「良好的習慣乃是人在神經系統中存在的道德資本，這個資本將會不斷的增值，而人在一生當中，都享受著它衍生出來的利息。」

明智的人會隨時檢視自己是否養成某些壞習慣，然後立即加以改變，不讓這些壞習慣支配自己。

當你想改變你的人生時，應該要先改變你的習慣。仔細想想看，你身上有多少壞習慣正阻礙著你的進步？再仔細想想，那些成功的人身上，又有多少好習慣是你缺乏的？

一個能夠改掉壞習慣、養成好習慣的人，一定是個有毅力的人，這份毅力，將會在奮鬥的過程中，助你一臂之力。

把愛說出來，才能傳達關懷

當你為你愛的人著想時，應該要讓他知道你在想些什麼，就算對方不能了解你的苦心，也一定要讓他感受到你的關心。

詩人海涅曾在詩集裡寫道：「愛是什麼呢？如果你問我，我會告訴你，那是被霧籠罩著的一顆星。」

確實，有些人的愛就像天上隱晦不明的星星，無論日夜、陰晴，永遠默默地守護著自己關愛的人。但這並不是最好的方式，愛應該大聲說出來。

把愛說出來，才能傳達自己的關懷，當你爲你關愛的人著想時，可以順便想想應該用什麼方式表達。

日本知名的明星兼導演北原武一向和他的母親處不好。

在他記憶裡，母親是個視錢如命、只愛錢不愛兒子的勢利女人。打從他會賺錢開始，他的母親就不斷向他要錢，只要有一個月忘了寄錢回家，母親就會打電話給他，對他破口大罵。

而且，北原武越出名，母親要的錢就越多，他永遠都無法滿足媽媽的需求。

母親過世之時，北原武放下演藝事業，回去故鄉奔喪。雖然他和媽媽感情不睦，但是他還是爲母親的死感到難過。

他很遺憾自己沒有太多的時間陪伴在母親身邊，也很難過自己一直到母親死前，都還不能成爲一個讓母親滿意的兒子。

北原武懷著歉疚的心情送了母親最後一程，等到辦完喪事以後，他的大哥把一個小包袱給了他，對他說：「這是媽媽叫我一定要交給你的。」

北原武小心翼翼地打開包袱，看到裡頭有一本存摺和一封信，存摺上頭寫的

是他的名字，裡頭的金額高達數千萬日幣。

他的母親在信中寫道：「武兒，在這幾個兒女當中，我最擔憂的就是你。你從小就不喜歡唸書，喜歡亂花錢，對朋友又大方又慷慨。當你說要去東京打拼時，我很擔心你會變成一個落魄的窮光蛋，所以，我每個月從不間斷要你寄錢回家，一方面可以刺激你去賺更多的錢，另一方面，也是爲了替你把錢存起來。你給我的錢，我一毛都沒有花，你大哥一家人把我照顧得很好，我根本不需要多餘的錢，現在，你就把你的錢拿回去，好好利用吧！」

北原武看完了信，淚如雨下，久久不能停止……

母親留給北原武的，是無盡的愛，同時也是一份沉重的內疚。

其實，這個故事可以有更好的結果；其實，他們母子倆值得更好的結局，只要願意把愛說出來。北原武的母親處處爲他著想，卻沒有表現出來，她付出了這麼多愛，可是兒子卻一點也沒有感受到被愛的感覺，這不是很可惜嗎？

因此，當你爲你愛的人著想時，應該要讓他知道你在想些什麼，就算對方不能了解你的苦心，也一定要讓他感受到你的關心。

愛他，就要讓他知道。把愛說出口，愛並不會因此而隨風消逝，相反的，它會化爲餘音嫋嫋，在心頭百轉千迴。

目光短淺，自然不會有錢

窮人和富人最大的差別，就是在於窮人只想到眼前的溫飽，而富人卻不斷地思索未來。

投資專家曾經做過一項計算，推論出每個人只要每個月存五千塊，連續存個三十年，在正常的投資報酬率下，就可以成爲千萬富翁。

每個月存五千塊，對大多數一般薪水階級來說可能不是很容易。然而，在我們的生活周遭，有人勒緊褲帶也要存錢，有人卻情願把這些錢用來享樂，所以最後的結果是，有人富、有人窮。

當你埋怨自己命不如人時，可以想想造成自己貧窮的原因到底是什麼。

有個富人遇到了一個窮人，覺得對方十分可憐，想要幫助他脫離貧窮。

富人送給窮人一頭牛，囑咐他要好好開墾家門口的那一片荒地。只要春天撒下種子，到了秋天，就可以收穫作物，脫離貧窮。

窮人聽了，滿懷希望地開始奮鬥。

只是沒幾天，他就發現自己的日子過得比從前還要艱困，從前只有自己的食物問題要解決，現在還多了一頭牛要養，日子簡直不是人過的！

於是他想，不如把牛賣了，換成幾頭羊，先殺一頭羊來吃，剩下的可以留下來生小羊，小羊長大了以後可以賣更多的錢。

窮人按照自己的計劃去做，只是，吃了一頭羊之後，小羊卻遲遲沒有生下來。人要吃飯，羊也要吃飯，日子又開始難過了，窮人又忍不住再殺了一頭羊來吃，剩下來的羊越來越少。

於是他心裡想，這樣下去怎麼得了，不如乾脆把羊賣了，換幾隻雞回來，雞生蛋的速度比較快一點，等賣了雞蛋以後，日子就會好過了。

然而，換了雞回來以後，日子並沒有改變，窮人又忍不住殺雞來吃，一直到只剩下最後一隻雞的時候，窮人知道，自己再也不會賺大錢了。

於是他想，反正致富已經無望了，倒不如把雞賣了，換壺酒回來，一醉解千愁，不是很好嗎？

春天到了，富人興致勃勃地送來種子，想要在窮人翻好的土地上播種。

只是，他來到窮人家裡，卻發現牛不見了，地也沒有開墾。只看到窮人醉醺醺倒臥在地上，依然一貧如洗。

富人失望地轉身走了，窮人依然還是一樣貧窮。

如果窮人能好好保住那一頭牛，一直開墾荒地到春天，或許他便不會再窮下去。就算把牛換成羊，把羊換成雞，只要能徹底執行自己的想法，也可能擺脫窮苦的日子。

然而，窮人卻空有想法而沒有做法，欠缺應有的執行力，所以他的未來依然會很難過。

是的，窮人和富人最大的差別，就是在於窮人只想到眼前的溫飽，而富人卻不斷地思索未來。

不要以爲富人有什麼天大的本領，他們只是比一般人更早一步想到未來，比一般人更有執行力而已。當你埋怨自己命不如人時，更大的可能，是你根本沒有把眼光放遠一點，既沒有想法，也沒有做法。

想投機取巧，得先動動腦

還沒有搞懂規則的由來之前，憑什麼挑戰規則？偷工減料只會讓你因小失大，自作聰明的人，往往沒有自己以為的那麼聰明。

當你想踰越某些既定的規則時，請先學習尊重規則，以及訂下規則的那個人，先動腦思索其中的緣由，或是請教訂規則的人爲什麼一定要這樣。

千萬不要自以爲是，還沒搞清楚狀況就急著投機取巧，還以爲自己的做法最聰明。

當你想踰越某些既定的規則時，可以想想下面這個故事。

有位在日本留學的中國學生，利用課餘時間到日本餐館洗盤子賺取學費。

這家日本餐廳有個規定，就是每個盤子都必須用水洗上七遍，洗盤子的工作按件計酬，洗得越多賺得越多。

這位中國學生爲了賺取更多的酬勞，想出了一個方法，只要每個盤子少洗兩遍，就可以在同樣的時間裡多洗好幾個盤子。

結果，他成了全餐館工資最高的洗碗工。

和他一起洗盤子的日本學生非常羡慕他，便向他請教洗盤子的技巧。

中國學生毫不避諱地說：「你看，洗了七遍的盤子和洗了五遍的盤子有什麼區別？所以，只要少洗個兩遍，不就可以多洗好幾個盤子了嗎？」

日本學生聽了，流露出尷尬的表情，雖然當下沒有多說些什麼，但是卻漸漸和這名中國學生疏遠了。

一天，餐館老闆突如其來地抽查餐館碗盤的清潔度。

他用專用的試紙測試每個碗盤，發現中國學生洗的盤子並不合標準。

當他質問這位中國學生時，這位學生卻振振有詞地說：「洗五遍和洗七遍有什麼差別？洗出來的盤子不都一樣乾淨嗎？」

老闆聽了這番質問，並沒有發怒，只是淡淡地對他說道：「你是不誠實的人，請立刻離開。」

中國學生丟了這份賴以維生的工作，只好到另外一家餐館應徵工作。沒想到，他才剛走進餐館，就被餐館老闆拒絕：「你就是那位只洗五遍盤子的中國學生吧？對不起，我們不能用你！」

接著，第二家、第三家……，都是一樣的狀況。

不僅如此，他的房東不久之後也要求他退房，原因是因爲他的「名聲」已經影響到了其他同是留學生的住戶。

後來，他就讀的學校也專門找他談話，希望他能轉到其他學校去，因爲他影響了別人對這間學校的觀感。

中國學生別無他法，只好收拾行李搬到了另一座城市，一切重新開始。

每當他遇到其他剛來到日本的中國留學生，總是痛心疾首地叮嚀他們說：「記住，在日本洗盤子，一定要洗七遍呀！」

所有規則之所以還沒有被打破，一定有它的道理，想要減少工作流程之前，一定要仔細想想，否則帶給自己的將會是一連串的苦惱。

比如說，日本餐館爲什麼規定盤子要洗七遍，而不是洗六遍、八遍？正因爲他們做過研究，發現洗七遍的盤子最乾淨，洗六遍還不乾淨，而洗八遍卻會浪費水！

還沒有搞懂規則的由來之前，憑什麼挑戰規則？偷工減料只會讓你因小失大，自作聰明的人，往往沒有自己以爲的那麼聰明。

停下腳步，就會退步

成功的人永遠都要求自己還要再更好一點，所以成功了！至於失敗的人只做到了六十分，就以為自己已經達到滿分。

當你覺得自己功成名就時，其實正在慢慢退步當中。

眞正成功的人，從來不會覺得自己已經夠成功或是夠努力，因爲他們永遠都還想要做到更好。

當你想找出自己的成功密碼時，可以想想你是不是下定決心要實踐了？

中國舞蹈界的青年才俊黃豆豆，二十五歲就身兼舞者、舞蹈老師、上海歌舞

團藝術總監等職。

多年以來，他每天早上七點鐘就起床跑步、練舞，從來沒有一天間斷。

就客觀的條件而言，他個子不高、腿也不長，並不是一個「天生的」舞蹈家，然而，最後他卻出人意表地成爲「中國第一民族舞蹈家」，並且是許多人心目中的「舞蹈王子」。

黃豆豆說，他永遠都在和自己競爭，永遠停不下來。因爲，如果有一天他停了下來，就會發胖，就會退步，所以，他必須一直前進，保持飛翔的感覺。

他知道，舞蹈界比其他行業都還來得現實，不能有一次失敗。失敗意味著告別舞台、告別青春，失敗的人，很難有機會再站在舞台的中心。

黃豆豆還說，他的成功秘訣其實和一般人都一樣，就是「一分的天賦再加上九十九分的努力」，只是，他的身邊從來沒有人做到過，但他做到了。

他認爲，最令他感到自豪的，其實不是他的成就，而是他徹底實踐了這項人人皆知的成功公式。

大多數人的失敗都有一個共同的原因，就是還不夠努力。

但是，大多數人之所以不夠努力，也有一個共同的原因，那就是認爲自己已經很努力了。

然而，努力是永遠沒有盡頭的，成功的人永遠都要求自己還要再更好一點，即使已經一百分了，還會挑戰一百零一分，所以他們成功了！至於失敗的人只做到了六十分，就以爲自己已經達到滿分。

停下腳步就會退步，當你想找出自己的成功密碼時，請記得，找出密碼並不難，問題是，你眞正做到了沒？

別當只吃「鹽巴」的呆瓜

當你想要一個東西，不惜一切去追逐那樣東西的時候，不妨想一想，你是在追求更美好的生活？還是只是在追求「鹽巴」而已？

許多人口口聲聲說要享受生活，實際上卻被生活奴役，成了金錢的奴隸。

因爲，他們用全部的生命追求更好的生活，卻忘了靜心思索，自己唯一能掌握的，其實只有今天的生活而已。

有個人到朋友家作客，朋友煮了一桌豐盛的佳餚款待他，卻因爲一時大意，每道菜都忘記加鹽，以致於難以下嚥。

這個人把菜送到嘴裡，嚼了幾下以後，皺著眉頭問道：「奇怪，你燒的菜怎麼都沒有味道呢？」

朋友嚐了一口，這才發現自己竟然忘記加鹽，立刻拿出鹽巴加進每道菜裡，再請客人享用。

這個人一吃，驚訝地發現原本淡而無味的菜經過鹽巴調味之後，馬上變得非常可口，於是對朋友說：「原來你們家最美味的東西不是桌上的菜，而是那罐鹽巴啊！這樣吧，你只要用鹽巴招待我，其他的東西我都不吃了。」

說著說著，他便抓起一大把鹽巴放進嘴裡。結果可想而知，當然是鹹到連一句話也說不出來。

鹽巴雖然能夠令菜餚更加美味，但是，鹽巴本身卻一點兒也不美味。

人們口袋中的金錢，正如餐桌上的鹽巴一樣。

有錢雖然能夠讓人的生活變得更好，但是光有錢卻沒有其他，反而一點用也沒有。

因此，當你想要一個東西，不惜一切去追逐那樣東西的時候，不妨想一想，你是在追求更美好的生活？還是只是在追求「鹽巴」而已？

記得，鹽巴一定要加進菜裡，才能發揮它的妙用；物質也一定要落實於生活之中，才能眞正的豐富每天的生活。

只有掌握生活的本質，才能眞正享受生活，否則又和故事中那個吃鹽巴的呆瓜有什麼兩樣？

幫助他人是為了回報

世界上沒有人有義務要對我們好，但是，我們卻有義務把我們所得到的愛傳出去，造福更多人。

社會上不乏有些樂善好施、菩薩心腸的人，只是，有的人發揮愛心是爲了沽名釣譽，有的人是爲了替自己累積福報。抱持著「交易」的心態做善事，善事變成了一種商業行爲。

幫助別人，其實不是一種付出，而是一種回報，回報那些曾經幫助過自己的人，讓他們樂於助人的精神不斷散播。

一個富翁到處借錢給人家，到最後，那些向他借錢的人紛紛表示無力還錢，富翁於是把這些欠債者都叫到家裡，對他們說：「我是學佛的人，所以非常有慈悲心。你們沒有錢還我沒有關係，只要你們向我立誓，說你們下輩子願意如何償還，我聽了以後若認爲可以，就會把你們當初寫下的借據還給你們。」

所有欠債的人聽了，都非常高興。其中一位欠債較少的人搶先說：「我願意來生變一匹馬讓您騎，以抵今生的債。」

富翁看了看他手中的借據，點點頭說：「嗯，十萬塊換一匹馬，還算合理。」於是把手中的借據還給對方。

第二個人接著說：「我來生願意變成一頭牛，替您耕田，替您出力，死了以後還讓您剝皮吃肉。」

富翁算了算，說道：「二十萬換一頭牛，聽起來好像挺不錯的。」於是也把借據還給對方。

最後，一個欠債最多的人說：「大人，我欠你相當多，來生願意變成您的父親，好償還您的恩情。」

富翁聽了非常生氣，破口大罵道：「你欠我這麼多錢不還，還想要我叫你『爸爸』，你這個人到底有沒有一點羞恥心啊？」

那人急忙解釋道：「大人，請別生氣。我之所以這麼說，是因爲我欠下的數目實在太多了。您的大恩大德，不是我做牛做馬得以償還的，所以我希望來生可以當您的父親，辛勤工作一輩子，但是卻不享用自己賺來的金錢，而留下大筆財產給您享用，讓您一輩子吃喝不盡，以回報您今生對我的恩情。」

富翁聽了，頓時感到非常慚愧，想到自己這輩子什麼都沒做過，卻無端享有這麼大筆財富，是應該要爲那些比自己更不幸的人做點事情才對。從那時候起，富翁不再借錢給人，相反的，只要看到有需要的人，就會主動提供幫助，而且非但不要求對方今生償還，就連來也同樣不需要回報。

大多數人都認爲，做善事的人都是一些特別好心腸的人，卻很少人將幫助別人視爲一件理所當然、自己本來就應該做的事。

沒有一個人敢說自己不曾得到過別人的幫助，不曾蒙受過別人的恩惠，既然有所得到，就應該有所付出。如果從來沒有想過要爲別人做些什麼，卻一直承受別人的恩惠，是件很慚愧的事。

要記住，世界上沒有人有義務要對我們好，但是，我們卻有義務把我們得到的愛傳出去，造福更多人。

5.

態度決定一個人的高度

要擁有正確的工作態度並不難，
只須多動腦想一想，
要求別人少一點，要求自己多一點，
並努力把每一件事都做到最好。

存好心，能為你化解惡運

當你感慨「好心沒好報」時，不妨換個角度來想：你的好心雖然沒有為你帶來好運，但或許已經為你擋掉了不少惡運！

其實，我們不需要去想做了好事會不會有好報，因爲如果你是一個好人，你怎麼能忍心看著那些需要幫助的人，冷漠地擦身而過？

當你感慨人情反覆、好心沒好報時，不妨用更寬闊的胸襟，換個角度想想。

第二次世界大戰打得如火如荼之時，歐洲盟軍最高統帥艾森豪將軍乘車回總部參加緊急軍事會議。

半路上，艾森豪將軍看見有一對法國老夫婦坐在路邊，凍得渾身發抖，立即命令身旁的翻譯官下車去慰問。

一位參謀急忙提醒他說：「開會時間快到了，這種小事還是交給當地的警方處理吧！」

然而，艾森豪將軍卻堅持說：「現在戶外的氣溫這麼低，而且還飄著雪，要是等警方趕到，這對老夫婦可能早就凍死了！」

原來，這對老夫婦正打算要到巴黎投奔兒子，不料半途車子拋錨了，不知該如何是好，只好坐在路邊等待救援。

艾森豪將軍了解狀況以後，立刻請他們上車，特地繞路將這對老夫婦送到他們兒子的家，才又匆匆忙忙趕回總部。

雖然對艾森豪將軍來說，那只不過是件不足掛齒的小事，但是他的善行卻得到了極大的回報，而且，回報他的人不是那對老夫婦，而是老天爺。

原來，那天德國早已安排了狙擊手埋伏在艾森豪回總部必經之路上，只要等他的車子一經過，敵軍就會展開暗殺行動。如果不是艾森豪將軍爲了幫助那對老夫婦而改變了行車路線，恐怕很難逃過這一劫。

幫助需要幫助的人，是好人的義務，也是好人的天性。有時候，即使明知道幫助別人可能會惹禍上身，但是這些滿腔熱血的好人仍然會本著「寧可錯幫一百，也不願漏掉一個」的精神，慷慨地奉獻自己的力量。

不要問自己「爲什麼要幫助別人」，要問自己「爲什麼不幫助別人」。

當你感慨「好心沒好報」之時，不妨換個角度想想：你的好心雖然沒有爲你帶來好運，但或許已經爲你擋掉了不少惡運也不一定啊！

用感恩的心面對人生的每一天

當你覺得自己很不幸的時候，想想那些比你更加不幸的人，你會發現其實沒有什麼好抱怨，也沒有什麼好計較的。

如果你能把每一種機運都當成是「撿到的」，如果你能把遭遇到的煩惱都視爲「禮物」，那麼，你便可以把痛苦看作是「養分」，把逆境當成「人生的一部分」，用一顆感恩的心，化解所有的不平與煩悶。

當你覺得自己很不幸，日子很難過的時候，不妨想想是否把心中的不平誇大了。

美國的魏特利博士是著名的行爲學專家，經常到世界各地演講，而且總是馬不停蹄地一場接著一場。

有一次，他正準備要從一個演講場合搭飛機趕往下一個演講場合。然而，當他抵達機場的時候，飛機艙門已經關了，無論他如何哀求，航空站的人員仍然不願意網開一面讓他登機。

魏特利博士別無他法，只好心急如焚地坐在候機室裡，等待下一班飛機。沒想到，大約一個小時以後，電視新聞傳來一個不幸的消息，剛才起飛的那班飛機，飛行途中因爲飛機雙翼的引擎蓋脫落，飛機無法平衡導致墜海，機上乘客全數罹難。

魏特利博士聽到了這個消息之後，十分慶幸自己沒有搭上那班飛機。從那個時候開始，他一直保留著那張過期的機票。只要遇到不順心的事情，他就會將那張泛黃的機票拿出來看一看，告訴自己這條命是撿回來的。

每當想到這裡，他就會覺得心裡所有的不平與怨氣都一掃而空。正因爲他逃

過了那一劫，所以他覺得活著的每一天，都格外的珍貴。

每當天災地變造成民眾死亡後，很多人都有深深的感觸：在災難層出不窮的時代，能夠活著，其實就是一種幸福。

的確，我們不知道自己什麼時候會死，所以活著的每一天，都是上天的恩賜，都值得我們好好珍惜。

沒有一種幸福會比「活著」更加幸福，也沒有任何一股力量會比「活著」更有力量。知道嗎？病床上有好多人想活卻活不成，災難中有好多人不想死卻難逃一死，所以我們應該要代替那些人，好好地活出生命的意義。

當你覺得自己很不幸的時候，想想那些比你更加不幸的人，你會發現其實沒有什麼好抱怨，也沒有什麼好計較的。

熱情可以創造奇蹟

付出會帶來快樂與滿足，要從中找到樂趣，進而熱愛自己的任務，相信不僅提高工作效率，也減輕不少疲勞。

美國名作家凱斯哈維爾（Keith Harrell）在他的著作中寫道：「要培養正確的態度，首先必須先找出人生目標與熱情。沒有目標與熱情，很容易就迷失了方向，深陷於困境中。」

要擁有正確的態度，其實並不困難，只要從事的是眞心願意的事，只要清楚了解自己的目標與方向，自然就會竭盡所能全心全力地付出。

爲了進行人類第一次登陸太空的壯舉，蘇聯太空總署於一九六〇年三月開始招募太空人，招募期間，一共有二十多名太空人參加受訓，不過，他們最後挑中了加加林。

有人不禁好奇，究竟是什麼原因讓長官們選擇年輕的加加林，而不選其他更資深更老練的太空人呢？

原因是因爲，正式飛行的幾個禮拜前，受訓的太空人第一次看見即將完工的東方號飛船，主設計師問他們誰願意試坐，所有人都有志一同地舉手報名，然後迫不及待進入座艙內一探究竟。

其中，只有加加林進入座艙之前，特地脫下腳上的鞋子，穿著乾淨的襪子走進還沒有裝置艙門的座艙。

這一個小小的舉動令主設計師印象深刻，他看見這名二十七歲的年輕人如此小心翼翼地對待太空船，覺得他一定也會以同樣的心情去執行太空總署授予的任務，因此決定讓加加林負責這次的計劃。

加加林就靠著這個脫鞋的小動作，從此「一飛沖天」，有人說，這正是性格決定命運的最佳寫照。

加加林之所以成功，很大一部份的原因，是因爲他找到了人生的目標與熱情。他眞心想要成爲一名優秀的太空人，所以也懂得珍惜身邊的每一個機會。

熱情會創造奇蹟，因爲熱情是一種自發的力量，能夠幫助人集中所有心力，投身於正在進行的事。

付出會帶來快樂與滿足，但若要眞心誠意地付出就不是件容易的事。首先要從中找到樂趣，進而熱愛自己的任務，相信不僅提高工作效率，也減輕不少疲勞。

只要有足夠的熱情，就一定能克服所有困難。只要熱愛自己的工作，自然而然會以良好的表現完全任務。

態度決定一個人的高度

要擁有正確的工作態度並不難，只須多動腦想一想，要求別人少一點，要求自己多一點，並努力把每一件事都做到最好。

許多成功大師都強調：「態度是學歷、經驗之外，人格特質的總和。」態度決定一切，一個人成功與否，關鍵在於他肯不肯付出、肯不肯學習、肯不肯接受鞭策。只要態度對了，那麼做事就很難出錯；只要事情不做錯，成功便指日可待。

話說小王和小李同時去應徵一個會計的職位。由於小王的學歷和相關工作經歷都比較優秀，因此對於這次機會，認爲自己勝劵在握。

面試的時候，公司主管分別問了幾個問題，小王都能有條不紊地作答，反倒是小李，不管多麼簡單的問題，總是回答得七零八落，聽得連旁邊的小王都忍不住替他感到汗顏了！

面試之後，主管拿出一堆帳本，要他們兩個統計一下某個項目的年度收支情況。這對小王來說簡單得不得了，三兩下就完成了任務，而且還細心地反覆檢查好幾遍。小李的動作雖然很慢，但是一個小時之後，也把工作完成了。他倆於是拿著自己的「考試卷」去面見總經理。

結果出乎小王意料之外，他居然落選，而小李居然被選上了！

怎麼會這樣呢？是不是公司搞錯了啊？

小王懷著又驚訝又慌張的心情追問面試主管。只見主管回答：「因爲你沒有做月末統計，而小李不但做了，還做了季末統計。」

「可是……你叫我們做的不是年度統計嗎？」小王聽了，激動地反駁。

主管笑著說：「是啊，我只叫你們做年度統計，但是年度統計的數據應該從每月合計中得到，不是嗎？這雖然不是什麼大學問，但卻是做會計應該有的嚴謹態度，這也是我們爲什麼選擇小李的原因。」

《柯斯美國商業報導》曾做過一項調查，發現五百大企業的主管中，有百分之九十四的人將他們的成功，歸因於正確積極的工作態度。

要擁有正確的工作態度並不難，只須多動腦想一想，要求別人少一點，要求自己多一點；衷心地喜歡自己的工作，並努力把每一件事都做到最好，基本上已經成功一大半！

很多時候，事情做對還不夠，還要想一想：當中有沒有什麼暗藏的錯誤？事情做完還不夠，要問自己：還有沒有可能做得更多更好？

做好小事，成就大事

為自己工作的人，能從工作當中發現自己的價值；為報酬工作的人，除了獲得金錢之外，什麼也無法擁有。

英國作家卡萊爾曾說：「對一個人來說，在這個世界上的首要問題，就是找對自己應該做的工作。」

想要得到自己渴望的工作，就不能小看工作的份量。想要讓自己勝任愉快，樂在其中，就應把每件大事都看做是小事，而把每件小事都當成大事來做。

有一個商場招聘收銀員，經過嚴格篩選，最後只有三位小姐參加複試。

複試由商場總經理親自主持，第一位小姐走進總經理辦公室時，總經理二話不說，便從口袋裡拿出一張一百元的鈔票，請這位小姐到樓下去替他買包煙。這位小姐覺得自己還沒有成爲正式員工，就要受總經理的差遣，而且還被指派這些雞毛蒜皮的小事，將來的工作一定也會有很多不合理的要求，所以乾脆拒絕了總經理，很瀟灑地離開了這間商場。

接著，第二位小姐來到辦公室，總經理同樣也拿出了一張一百元的鈔票，請她去買一包香煙。

這位小姐心裡雖然不太情願，但是很希望得到這份工作，便很乖巧地答應了總經理的要求。可是，到樓下買香煙時，收銀的店員卻告訴她這張百元鈔票是假的，這位小姐不好意思告知總經理這件事情，只好自掏腰包買了一包煙，又把找來的零錢全部交給總經理，對假鈔的事隻字未提。

輪到第三位小姐時，也同樣被要求去買香煙。

但她接過總經理拿給她的百元鈔票時，並沒有轉身就走，而是仔細地看了看鈔票。

經過這仔細一看，她馬上就發現這張鈔票不太對勁兒，於是要求總經理另外再給她一張鈔票。

總經理笑了笑，收回那張假鈔，並宣佈這位小姐被錄用了。

第一個小姐並不是眞心想要得到這份工作，所以一被要求做她不想做的事，便立刻宣佈放棄。第二個小姐雖然態度表現良好，可是不夠細心，也不夠誠實，不符合擔任收銀員的條件。

只有第三個小姐具備合格的工作態度與良好能力，所以她雀屏中選。

收銀這份工作看似簡單，實際上卻不是每個人都能做。事實上，其他工作也是如此，每份工作都是一門深奧的學問，需要用心對待，才能做到最好。

爲自己工作的人，能從工作當中發現自己的價值；爲報酬工作的人，除了獲得金錢之外，什麼也無法擁有。

堅持細節，才能成就完美

不要做到差不多好，而要做到非常好。不要做到幾乎都對，而要做到完全都對，唯有堅持細節，才能成就完美。

細節會影響品質，細節會呈現個性；細節會顯示差異，細節也會決定成敗。《贏在小細節》一書中曾提到：「『細節』，也就是細小的環節或情節。因為細小，人們常常不自覺地忽視了它；也往往因為時間、精力有限而顧不了細節；更有一些人急功近利、好高騖遠而對細節不屑一顧。」

無論生活中還是工作中，願意把小事做細的人最終才能脫穎而出。要成功，就必須改變心浮氣躁、淺嘗輒止的毛病，養成一絲不苟、注重細節的作風，把大事做細，把小事做好。

有個人去拜訪雕塑家朋友，來到朋友家中，不禁覺得奇怪，因爲從上個禮拜前來拜訪到現在，雕塑家的工作室裡擺著的都是同一個作品，他花了一整個禮拜的時間工作，作品看起來卻一點進展也沒有，究竟他都在忙什麼？

雕塑家向他解釋道：「別看我這個作品看起來好像沒有太大的改變，我可是花了不少功夫在這個地方潤了潤色，使這兒變得更加光彩些，然後在那個地方修了一下，使面部表情更加柔和些，也使那塊肌肉顯得更強健有力；接著，我讓嘴唇的表情更豐富，身體也顯得更有力度。」

「但是你做了這麼多，一般人根本看不太出來啊，你盡改變一些瑣碎之處，外表看起來沒有多大變化啊！」

「是啊，的確是如此，」雕塑家回答道：「但是，你要知道，正是這些細小的地方，才讓整個作品趨於完美。要讓一件作品的每個小地方都完美，可不是一件小事情啊！那些成就非凡的大師之所以被人稱爲大師，就是因爲他們總是在細微之處用心，在細微之處使力，久而久之，累積了出神入化的功力。」

成功是由一個個小細節堆成的。那些不顯眼的地方，那些沒有人會注意到的地方，正是決定你有多少競爭力之處。

對待工作，能否充滿責任感、自始至終盡自己最大的努力，這都是事業有成者與事業失敗者的區別。因此，做任何事情，都應力求所有細節都完美無缺。不要做到差不多好，而要做到非常好。不要做到幾乎都對，而要做到完全都對。正所謂「差之毫釐，失之千釐。」

唯有堅持細節，才能成就完美。

只要把每個微小地方都做好，統合起來，就會是巨大的力量。

了解全貌，分工合作才有成效

所謂合作，不是一味迎合別人，而是大家都有共同的信念，充分發揮團結的力量，讓一加一不只等於二，更要大於二。

這個社會凡事都講求分工合作，一個團隊若是能適當地分工合作，可以把三個臭皮匠變成一個諸葛亮。

倘若不適當地分工合作，或是團隊的成員分工之時不用腦筋，也可能讓狀況變成：一個和尚挑水喝，兩個和尚抬水喝，三個和尚沒水喝。

有位太太在廚房裡忙了一下午，準備晚上宴客的菜餚。等到她廚房裡的工作

告一段落，轉身打掃客廳時，才想起爐子上的湯忘了加鹽。

她看見自己手上已經沾染灰塵，怕會弄髒食物，便想請女兒幫忙。

她叫大女兒替她在湯裡加鹽，大女兒說她正在洗頭髮。她叫二女兒幫忙，二女兒說她正在化妝。她叫三女兒，三女兒說她正在縫裙子。她叫四女兒，四女兒說她正在找她的珍珠項鍊。

這位太太別無他法，只好放下手中的吸塵器，把手清洗乾淨，自己動手往湯裡加了一勺鹽。

過了一會兒，女兒們忙完手邊的事後，想起自己剛才竟然連幫媽媽一個小忙也不肯，不禁感到有些慚愧。

於是，她們一個接一個偷偷溜進廚房，往湯裡加了一勺鹽。結果可想而知，晚餐桌上，客人對桌上的每一道菜都讚不絕口，唯獨對那鍋湯皺眉頭，因爲它實在是鹹得不能再鹹了……

分工合作看似是件輕鬆愉快的事，但實踐起來卻未必如想像中那麼容易。如果不動腦想想工作內容是什麼，又該如何執行，只會把工作越做越糟糕，就像故事中的女兒們把一鍋美味的湯搞砸了。

分工合作的前提，是每個人都知道事情的全貌，並非只有少數幾個人清楚狀況。如此一來，每一個人才能都了解自己的位置，並且在同伴缺席時，順利承擔上對方原本負責的事務。

所謂合作，不是一味迎合別人，也不是對自己的責任敷衍了事，而是大家都有共同的信念，進行腦力激盪之後，把自己負責的部份做到最好。如此，方能充分發揮團結的力量，讓一加一不只等於二，更要大於二。

小處節儉，大處賺錢

有錢人之所以擁有超乎常人的財富，往往是因為能夠做到常人做不到的事，哪怕只是雞毛蒜皮的小事。

法國作家巴爾克曾說：「對於浪費的人，金錢是圓的。可是，對於節儉的人，金錢是扁的，是可以一塊一塊堆積起來的。」

現實生活中，財富當然是衡量一個人成就和幸福指數的標準之一，但是，卻不是唯一的標準。倘若追求財富的慾望太過強烈，又不知道節儉之道，那麼，許多依靠財富而來的幸福感覺，就會像鰻魚從手中溜走。

有錢人不一定過著揮金如土的生活，更有可能的是，他們比任何人都更知道錢的價值，因此他們比任何人都更懂得善用自己的每一分錢。

一名記者在飯店裡遇到了汽車大王福特及幾名企業家一同共進午餐。

那名記者看見福特手裡拿著帳單走向服務員，然後微笑地對服務員說：「小夥子，你看看是不是有一點誤差。」

「怎麼會呢？」服務員充滿自信地回答。

「你再仔細算算看吧。」雖然福特宴請的那幾位企業家已經朝飯店門口走去，但是福特還是很有耐心地站在櫃檯前。

服務員看見福特堅持的樣子，只好承認說：「因爲收銀機的零錢準備得很少，所以我多收了您五十美分，我以爲像您這麼富有的人應該不會在意。」

「剛好和你以爲的相反，我非常在意。」福特義正辭嚴地說。

服務員只好低頭湊出五十美分的零錢，遞到福特手裡。

福特離去之後，服務員一臉不屑地嘀咕道：「現代人眞是越有錢越小氣，連五十美分也要省！」

一旁的記者聽見這番抱怨的話，忍不住站出來爲福特說話，告訴那名年輕的服務員：「小夥子，你錯了，福特先生絕對是一個慷慨的人。你知道嗎？他剛剛才向慈善機構一次捐出五千美元的善款呢！」

說著說著，記者指著報紙上的新聞，證明他所言不假。

「那麼，他爲什麼還要當著那麼多朋友的面，跟我計較那區區的五十美分呢？」服務員百思不解。

記者解釋說：「那是因爲，他懂得認眞對待自己的每一分錢，他重視捐出去的五千美元，同樣的，他也重視辛苦工作得來的五十美分。」

俄國作家高爾基曾說：「假使一個人不在金錢裡埋葬自己，而能理性支配金錢，這對他是榮譽，對於別人也有益處。」

雖然說福特花那麼多時間計較那麼一點點小錢，有點不符合時間成本，但從這件事情可看得出來，他對自己的生活其實控制得相當嚴謹，不允許自己浪費任何一分錢，也不允許別人隨便賺走自己的錢。

他連對金錢都如此謹慎，在工作上自然也容不得任何一點閃失，正是這樣的態度，造就了他的成功。

當我們羨慕有錢人光鮮亮麗的一面時，也應該仔細觀察他們的生活態度，因爲有錢人之所以擁有超乎常人的財富，往往是因爲能夠做到常人做不到的事，哪怕只是雞毛蒜皮的小事。

一個人能不能順利完成夢想，並不在於先天擁有什麼能力，而在於是否擁有下定決心執行的勇氣。

不要小看自己，有錢人做得到，你也一定可以！

學習面對自己的煩惱

只要人活著，就不可能沒有煩惱，所以你應該要學習面對自己的煩惱，而不是逃避你本來應該扮演的角色。

一個不快樂的人，不管走到哪裡都不會快樂；一個喜歡抱怨的人，不管走到哪裡都有滿腹苦惱。相反的，若是你讓樂觀積極成爲一種習慣，那麼無論你去到哪裡，都能悠遊自在。

當你不滿意現狀的時候，必須學習面對自己的苦惱。

兔子可以說是世界上最善良的動物了，只吃青草，什麼動物都不傷害，而且

還長得很可愛。可是，牠的善良卻沒有得到相對的回報，很多動物，像是狐狸、狼、老虎等，一看到牠就想要傷害牠，這太不公平了！

有一天，兔子向上帝訴苦，告訴上帝說牠不想再做兔子了，請上帝讓牠變成其他動物吧！上帝很同情兔子的處境，立刻答應了牠的請求。

上帝問兔子：「你想變成什麼？」

兔子說：「讓我變成一隻鳥吧，這樣我就可以在天上自由地飛來飛去，不用再害怕那些狐狸、狼、老虎了。」

只是，兔子才變成鳥沒幾天，又對上帝抱怨道：「仁慈的上帝呀，我再也不想做鳥了！我在天上飛的時候，有老鷹會抓住我；在樹上棲息的時候，有毒蛇會咬死我，這樣的日子實在是太難過了！」

「那你想怎麼樣呢？」上帝說。

變成鳥的兔子想了想，回答說：「請您把我變成一條魚吧，海裡的生活好像平靜安樂多了。」

上帝依言把變成鳥的兔子又變成了魚。只是，魚的生活並沒有如牠想像中那麼愉快，因爲「大魚吃小魚，小魚吃蝦米」是大海裡不變的定律。

變成魚的兔子忍無可忍，又要求上帝把牠變成人：「人是萬物之靈，他們可以把所有動物關進籠子裡，或者吃進肚子裡，所以我想，人一定是世界上最快樂的動物了！」

上帝大發慈悲，再次把變成魚的兔子變成了一個人。只是，沒多久，變成人的兔子又對上帝哭著說：「仁慈的上帝啊，人類世界實在太可怕了！大夥兒勾心鬥角，人與人之間原來是會互相殘殺的，嗚……我不想再當人了！」

「那你究竟想怎麼樣呢？」上帝不耐煩地說。

變成人的兔子想了想，回答說：「嗯，我想要到另外一個世界去，請您把我變成上帝吧！」

「你別做夢了，」上帝搖了搖頭，對兔子說：「上帝只能有一個！上帝多了，也是會打架的。」

使我們感到憤怒、懊惱、痛苦、悲傷的，往往往往沒有想像中那麼嚴重，必須妥善運用智慧，使自己成爲生活的主人，才不會淪爲生活的奴隸。

如果你總是覺得日子難過，不妨靜下心來檢討癥結所在，也許，你會意外地發現，一切都是錯誤的心態造成的。

兔子想要當鳥，鳥卻想要當魚，魚想要當人，人卻想要成仙。

不管你扮演的是哪一種角色，都一定有好的地方，也有不好的地方。窮人有窮人的煩惱，富人也有富人的煩惱，只要人活著，就不可能沒有煩惱。

所以，你應該要學習面對自己的煩惱，動腦解決自己的苦惱，而不是逃避你本來應該扮演的角色。

當你不滿意現狀的時候，要知道，這可能已經是你所能碰到的最好狀況了！

想要讓自己活得更快樂一點，你並不一定要改變現狀，有時候，你只需要試著去接受，笑著去解決你的煩惱！

6.

有實力，才有好運氣

雖然成功有時候也會受到運氣的影響，
但是運氣不可能平白從天上掉下來，
而是在累積一定的實力之後
才會降臨在努力的人身上。

患得患失，只會自討苦吃

大部分人因為不想嚐到失敗的滋味，所以一輩子怯怯懦懦，不敢輕易嘗試，並且還因此沾沾自喜，殊不知這才是最大的失敗！

作家凱勒曾經寫道：「我絕不憂慮不如意的小事，因為，我知道那些小事，實際上並不如自己想像中那麼嚴重。」

其實，人生難免會有波折，大多數爲小事憂慮沮喪的人，除了是自己看得太淺、想得太多，另外就是太過於患得患失，因此，才會爲一些暫時阻礙成功的芝麻蒜皮小事煩惱發愁，陷入負面情緒中自找苦吃。

不論做任何事，剛開始時總是容易跌跌撞撞，就像嬰兒學走路一樣；除非你真的天賦異稟，要不然，跌倒對每個人來說，其實都只是不足爲奇的小事而已，何必擔心害怕呢？

安東尼十四歲的時候來到美國。因爲他從七歲起就跟著裁縫師學裁縫，所以到了美國之後，很順利地就在一家裁縫店中找到工作。

到了十八歲時，安東尼決定要成立一家屬於自己的店。

於是，他和弟弟及其他合夥人共同買下了一間禮服店，信心滿滿地把所有的積蓄都投資在這裡。但是，接下來發生的許多事情，卻不斷地考驗著安東尼開店的決心。

先是在即將開業的前一天晚上，被小偷偷走了將近八萬美元的存貨；接下來他再度進的貨，又在一場意外大火中付之一炬。

後來，他才發現保險經紀人欺騙他，根本沒有把他支付的保險費支票交給保險公司，所以這場火災等於沒有保險。

更慘的是，可以證明公司存貨內容和價値的一位重要證人，卻正好在這個時候去世了。

接二連三的打擊實在讓安東尼受夠了，他決定到別的裁縫店工作。但是，過了沒多久，他渴望擁有自己事業的慾望又開始蠢蠢欲動了起來。

於是，他再度鼓起勇氣，開了一家裁縫兼禮服出租店。

這一次，他決定多採納別人的意見，但是大方向上他依然堅持自己做決定。因爲，他始終相信：如果跌倒了，至少是他讓自己跌倒的；如果他站了起來，那也是要靠自己站起來的。

因爲安東尼堅持著這個信念，所以不久之後，他的「法蘭克禮服出租店」終於成爲底特律的知名店舖。

美國著名的詩人朗費羅曾說：「不要無事自尋煩惱，否則就是自找苦吃。」

這句話告訴我們，跌倒了就快點站起來，不要爲了絆倒自己的小石頭傷腦筋，只要有實力又肯努力，最後你一定會成功，又何必抱怨日子難過，一天到晚用負面情緒來折磨自己呢？

因爲害怕跌倒，所以很多人不敢騎腳踏車、不敢溜冰、不敢玩直排輪……，因爲害怕，所以喪失了許多樂趣。

在人生的歷程中也是如此，大部分人因爲不想嚐到失敗的滋味，所以一輩子怯怯懦懦，不敢輕易嘗試新事物、新方法，並且還因此沾沾自喜，殊不知這才是最大的失敗！

跌倒的目的，不是爲了讓你灰心喪氣，而是爲了讓你在爬起來的時候，能看到更美好的東西！

所以，我們何必害怕跌倒？應該怕的，是連嘗試都不敢嘗試，便在恐懼中失去機會，因爲失去了嘗試的勇氣，也就等於自願放棄了成功的機會。

「敢做」，比「會做」更重要

想要成功，就不能害怕冒險。有了周密思考後所作的客觀判斷，再加上過人的膽識，那麼成功自然就能水到渠成了。

也許出身的地位有高低之分，但成功卻不會有任何設限，因爲任何人都有成功的機會，只是看你敢不敢、願不願意盡全力爭取而已。

千萬不能淪爲被命運支配的傀儡，即使生活到了難以忍受的地步，只要你充滿信心與希望，終究會開創屬於自己的輝煌時光。

理查德．科布登是一個農夫的兒子，在年紀很小的時候就被送到倫敦，在一個倉庫裡受僱爲童工。

理查德從小就是個勤奮上進的孩子，並且渴望能夠吸收更多的知識，只可惜他的僱主是個非常保守專制的人，認爲工人就是工人，不需要讀太多書，所以理查德只能在工作之餘偷偷摸摸地自修學習，將從書本中獲得的知識默默藏在心裡。

不過，他的學識很快地便展現在他的工作中，使他從一個倉庫管理員，成爲旅行全國的推銷員；理查德更從中建立起屬於自己的人脈，並且爲日後的獨立奠定基礎。

等到存夠錢之後，理查德便開始了他的商業生涯。經過許多年的奮鬥之後，經商成功的理查德，因爲自己當年想讀書卻沒有書讀的遭遇，決定致力於普及大衆教育。

爲了宣傳他的理念，理查德必須到處巡迴演講。然而，他沒有這方面的經驗和訓練，所以，他首次在公衆面前發表的演講可說是慘不忍睹。

但是，理查德並不氣餒，靠著毅力和不斷地練習，終於成爲最具說服力的演講者之一。後來，理查德還被評價爲：「他是將個人才能和努力發揮得淋漓盡致的最佳典範，也是出身社會最底層的窮人，經由發揮自己的價值，躋身到受人尊敬的地位中，完美的一個例子。」

法國作家紀德在小說中，寫過一段激勵人心的話：「人人都有驚人的潛力，

要相信自己的力量與青春，要不斷告訴自己：我就是命運的主宰。」

確實，只要下定決心改變，人就是自己生命的主宰。

想要成功，就不能害怕冒險。

所謂的冒險，不是指盲目的鋌而走險，而是建立在周密的思考後所做的客觀判斷，然後採取行動；要達到這一步，必須累積相當的視野和經驗。

有了這些先決條件，再加上過人的膽識，成功自然也就水到渠成了。

脾氣大的人註定當傻瓜

如果只是因為等待的時間太長，便選擇放棄的話，那麼就表示對自己的才華沒有信心，又怎麼可能得到別人的肯定呢？

富蘭克林曾經在《窮查理的曆書》中寫道：「平庸的人，最大的缺點，就是經常覺得自己要比別人高明。」

正因爲如此，當他們發現自己並非想像中那麼絕頂聰明，才會驚訝不已，甚至因而惱羞成怒。

爲什麼許多自認爲有才華的人，最後不一定會成功？

那是因爲他們脾氣大，又缺乏耐心，總認爲自己的才華是獨一無二的，所以一旦不順己意時，很容易就會怨天尤人，接著便是全盤放棄了！

有一個工人，一家人都住在拖車裡。

工人一星期的薪水只有六十美元，因此他的妻子也必須外出工作才行。不過，即使夫妻兩人都出去工作，賺到的錢仍然只能勉強餬口而已。

他們還有一個出生不久的嬰兒，有一次，嬰兒的耳朵受到感染，他們只好將電話賣掉，才勉強湊到錢爲嬰兒治病。

雖然生活很拮据，但是這個工人一直夢想能成爲作家，所以只要一有時間，他就會把握時間寫作，並且把剩下的一點點錢全部用來支付郵資，寄稿件給各個出版商。

可惜的是，他的每一部作品幾乎都被退了回來，退稿信件也寫得十分簡短和公式化，工人甚至不確定這些出版商究竟有沒有看過他的作品。

有一天，他看到一部小說，內容讓他想起了自己的某部作品，於是他把作品寄給那部小說的出版商。

幾個星期後，工人收到出版商湯姆森的回信，湯姆森認爲原稿的瑕疵太多，不過，他仍然認爲工人具有成爲作家的潛力，並且希望他再試試看。

接下來的十八個月裡，工人一連寄出了兩份稿子，但是全都遭到退回。寫到第四部的時候，因爲生活上的困難，工人決定放棄寫作，並且氣得把稿子扔進了垃圾桶裡。

但是，他的妻子卻把稿子撿了回來，還對工人說：「你不應該半途而廢，特別是在你快要成功的時候。」

就這樣，妻子的支持和鼓勵，讓工人再度燃起了一線希望。

儘管妻子給予的支持，讓工人能夠懷抱希望地繼續寫下去，但當他寄出第四部小說時，幾乎不抱任何希望，因爲他認爲還是會失敗的。

可是，他錯了！湯姆森看完之後，立刻要求出版公司預付兩千五百美元的版稅給這個工人。

就這樣，史蒂芬．金的經典恐怖小說《嘉莉》誕生了！這本小說總共銷售了五百萬冊，還被改編拍攝成電影，成爲一九七六年最賣座的電影之一。

有人說，人生的道路當中，有無數條途徑通往失敗，只有一條道路連接成功。但是，換個角度來說，其實成功並不難，它就在無數條失敗道路的旁邊，能不能邁向成功之路，全看我們能不能超越自我。

因此，凡事必須三思而後行，以免做出讓自己後悔的蠢事，因爲，粗魯和草率的言行，均是那些失敗的傻瓜的共同特徵。

成功是需要耐心等待的，耐心在成功的過程中佔有最重要的地位。一個眞正有才華的人是不會被埋沒的，如果只是因爲等待的時間太長，便選擇放棄的話，那麼就表示對自己的才華沒有信心。一個連自己都不相信的人，又怎麼可能得到別人的肯定呢？

不要害怕當傻瓜

一個聰明人如果有當傻瓜的勇氣，那麼他才能堅持自己的理想，並且積極地完成目標。

沒有人願意被別人當成傻瓜！

可是，那些最後獲得肯定、得到成功的人，在一開始，往往也是許多「聰明人」眼中愚蠢的傻瓜。

詹姆森．哈代是一個喜歡冒險的人，他周圍的朋友和同事都認爲他是一個滿腦子怪念頭的「傻瓜」。

當他發現電影發明的原理之後，便從電影膠卷的轉盤中產生了靈感：他讓膠卷上的畫面一次只向前移動一格，以便老師能夠有充足的時間詳細闡述畫面裡的內容。

這個想法讓哈代受到不少嘲笑，但是他沒有因此退縮，經過不斷地反覆實驗之後，哈代終於成功地實現了讓畫面與聲音同步進行的目標，創造了「視聽訓練法」。

除此以外，哈代曾經兩度入選美國奧運會游泳代表隊，也曾經連續三屆獲得「密西西比河十英哩馬拉松賽」的冠軍。

哈代在游泳的時候，覺得大家在比賽時使用的游泳姿勢不好，決心加以改變。但是，當他把想法告訴游泳冠軍約翰．魏斯姆勒時，約翰認爲他的想法太過荒唐，於是立刻加以拒絕；另一位游泳冠軍杜克．卡漢拉莫庫也要他不要冒險嘗試，以免不小心在水裡淹死。

當然，哈代還是沒有理會他們的告誡，仍然不斷地挑戰傳統游泳的姿勢，最後終於發明了自由式，並且成爲現在國際游泳比賽的標準姿勢之一。

作家蘭爾代斯曾經說道：「我們只有一次生命，而且它又相當短，我們為什麼要浪費那麼多時間，在自己最想做的事情上面猶疑不決呢？」

只有鼓起勇氣去做自己想做的事情，才能讓自己活得更好。

歷史上有許多著名的成功人物，都是因爲不怕被別人當成傻瓜，所以才能成就一番事業的。

總是被別人看成聰明人當然很好，可是一個聰明人如果有當傻瓜的勇氣，那麼就能堅持自己的理想，並且積極地完成目標。

別當個食古不化的老古董

在這個競爭激烈的社會中，替換更新是很正常的現象，在交替轉變中如果不知變通，那麼最後只會遭到淘汰。

敢於懷疑的人，思想靈活，較少受習慣的束縛，並且渴望創新，所以往往可以發現眞理的另外一面。

這種特質不論是從事科學研究，或是用於待人處世，都是一種進取的美德。

日本明治維新的功臣之一阪本龍馬，常常和另一個維新大將西鄉隆盛談論時事。因爲阪本的談話內容和觀念每次都有一些改變，所以西鄉隆盛每次的感受也

都有所不同。

有一天，西鄉隆盛不禁對阪本龍馬說：「我每次遇到你，你的談話內容都會和前一次不同，這讓我對你所說的話產生懷疑。你既然是名滿天下的志士，受到大家的尊敬，就應該有不變的信念才對。」

阪本龍馬聽完，回答道：「孔子說過一句話：『君子從時』，時間不停地流轉，社會也天天在變化，昨天的『是』，在今天很可能就是『非』。所以『從時』，才是遵守君子之道。」

接著，他又對西鄉隆盛說：「西鄉先生，如果你對某事物有一定的看法，並且遵守到底的話，將來一定會跟不上時代的。」

一九七九年的諾貝爾物理獎得主溫伯格，在獲獎之後曾經接受《科學報導》記者的訪問。

記者問溫伯格說：「請問，你覺得哪些是科學家必須具備的素質？」

溫伯格回答碩：「這個問題是因人而異的，不同的人可以按照不同的途徑獲得成就。雖然每個物理學家都必須具備一定的數學才能，但並不表示數學最好的人就會是最好的物理學家。因爲其中最基本也最重要的素質，就是對自然現象的『勇於懷疑』。所謂的勇於懷疑，就是不輕易接受書本上的答案，認眞去思考，並嘗試發現有什麼是與書本不同的東西。」

在這個競爭激烈的社會中，替換更新是很正常的現象，在交替轉變中如果不認眞思考、不知變通，那麼最後只會遭到淘汰。

因此，一定要把「創新求變」的精神加以活用，那麼才能在時代中，佔有屬於自己的一席之地。

用信念改變命運

受到挫折時，歸咎於命運是很多人會尋找的藉口，但就算挫折真的是命中注定，你的信念和意志，仍然可以改變挫折的結果。

許多人都曾對自己的未來感到不確定，覺得命運似乎不是自己可以控制的。

但是，無論外在的環境怎麼改變，只要自己的信念和意志不變，命運的控制權還是掌握在自己手裡的。

一九五五年，十八歲的金蒙特已經是全美國最年輕，也是最受喜愛的滑雪選手。她的名字出現在大街小巷，她的照片也經常成爲各大雜誌的封面，美國人民

都看好金蒙特，認爲她一定能替美國奪得奧運的滑雪金牌。

然而，一場悲劇卻使金蒙特的願望成了泡影。

在奧運會預選賽最後一輪的比賽中，因爲雪道特別滑，金蒙特一不小心就從雪道上摔了下去了。當她從醫院中醒來時，雖然保住了性命，但是，肩膀以下的身體卻永遠癱瘓了。

金蒙特十分努力地想讓自己從癱瘓的痛苦中跳出來，因爲她知道，人活在世界上只有兩種選擇：奮發向上，或是從此意志消沉。最後，金蒙特選擇了奮發向上，因爲她對自己的能力仍然堅信不疑。

有好幾年的時間，她的病情處於時好時壞的狀況，但是她從來沒有放棄過追求有意義的生活。

幾經艱難，金蒙特學會了寫字、打字、操縱輪椅和自己進食；同時她也找到了今後人生的新目標：成爲一名老師。

因爲她的行動不便，所以當她向教育學院提出教書的申請時，系主任、校長和醫生們都認爲以金蒙特的身體情況，實在不適合當老師。

可是，金蒙特想當老師的信念十分堅定，並沒有因爲遭到反對就宣告放棄。她仍然持續地接受復建治療，也不斷地努力唸書，終於在一九六三年獲得華盛頓大學的教育學院聘請，完成她想當老師的願望。

雖然金蒙特沒有辦法得到奧運金牌，但是她鍥而不捨的意志力，已爲她的人生贏得了另一面金牌。

在遭受到這麼大的打擊之後，就算金蒙特選擇自怨自艾地度過餘生，應該也沒有人忍心苛責她。

可是她並沒有，她願意接受眼前的事實，並且尋找另一條出路，於是在她的堅持之下，命運最後還是操控在她的手裡。

受到挫折時，歸咎於命運是很多人會尋找的藉口，但是別忘了，就算挫折眞的是命中注定，你的信念和意志，仍然可以改變挫折的結果。

不用手段，就是最高明的手段

不論大小，任何手段都是需要花時間來策劃和執行的。與其花時間耍手段，為什麼不把時間省下來，實實在在地完成自己的目標呢？

有許多人爲了達成自己的目標，費盡心機地用各種手段，想把別人踩在腳下，但是結果卻仍然事與願違，有時候還反而讓自己吃更多虧。

其實，最高明的手段，就是不用任何手段。與其絞盡腦汁玩弄小聰明，不如靠自己的力量，光明正大地和別人競爭，就算最後沒有達成目標，至少還能贏得別人的尊重。

曼哈頓街頭有一個瞎眼的乞丐，每天早上都會帶著一個小女孩，站在街角向過往的行人乞討。

有一位老婦人每天都會經過這條街，也總是會在乞丐的破碗中丟下幾個銅板。時間一長，老婦人和這對乞丐也慢慢地熟悉了起來。

有一天，老婦人突然停下來和小女孩聊天，老婦人問女孩說：「小姑娘，旁邊這位是妳的父親嗎？」

小女孩回答老婦人說：「是的，他是我的父親。」

老婦人帶著憐憫的眼光，看著這個小女孩，又看看瞎眼的乞丐：「真是可憐，妳父親看不見嗎？」

小女孩回答：「是的，夫人，我的父親是個瞎子。」

老婦人嘆了一口氣，說道：「唉，命運真是會捉弄人，妳父親的眼睛是什麼時候瞎的？」

小女孩天真地回答道：「每天早上的九點鐘。」

激勵作家瑪麗·柯蕾莉曾經提醒我們：「假使你認定自己是一塊泥土，那麼你就無法避免遭到別人踐踏的命運。」

只要你不把自己看扁，那麼在人生的過程中，你就能靠著自己的能力成功，用不著玩弄心機欺騙別人，也犯不著耍弄手段博取別人同情。

不論大小，任何手段都是需要花時間來策劃和執行的。

如果直接將這些時間用在自己該做的事情上，讓事情做得更完美，那麼豈不是一樣可以達到自己的目的，而且也不會傷及自己與別人的友好關係，何樂而不爲呢？

與其花時間耍手段，爲了小事自討苦吃，爲什麼不把時間省下來，實實在在地完成自己的目標呢？

越保守的人，收穫越多

得到一樣東西之後，往往又會想要更多，慾望無窮，但是得到的卻沒有更多，反而把原本握在手上的，拱手讓給了別人。

法國文豪巴爾札克在在《三十歲的女人》一書中寫道：「大凡失足犯錯，都是因為錯誤的推理和過度貪欲造成的。」

確實如此，認爲自己擁有絕佳的運氣，失去理性的錯誤判斷，任由慾望過度膨脹，最容易使人迷失。

不論是做人處世或是投資理財，都應該謹守中庸之道，適可而止，才能讓自己處於不敗之地。否則，到最後就會淪爲「一無所有」的大傻瓜。

有一對新婚夫妻到拉斯維加斯度蜜月，不到三天，好賭成性的新郎就已經輸掉了一千美元。

這天，新郎又輸了，非常懊惱地回到房間。這時候，新郎看到梳妝台上有個閃亮亮的東西，好奇地上前一看，原來是他的妻子爲了當紀念而留下的五塊錢籌碼，而籌碼上的號碼「十七」正在閃閃發光。

新郎覺得這是個好兆頭，於是興高采烈地拿著這個五塊錢籌碼跑到樓下的輪盤賭台，準備用這個五塊錢籌碼押在「十七」號！

不知道是哪裡來的好運，輪盤的小球居然正好落在「十七」這個數字上！新郎就這樣贏了一百七十五塊美元。

新郎高興得不得了，把贏來的錢繼續押在「十七」號上，結果居然又中了！新郎的好手氣就這樣一直持續著，最後他竟然贏了七百五十萬美元！

這時的他已經是欲罷不能了，賭場的經理終於出面對新郎說，如果他再繼續賭下去的話，賭場可能沒有辦法再賠他錢了。

這個新郎想乘勝追擊，於是叫了部計程車，直奔市區另一家財力更雄厚的賭場。他樂昏了頭，把贏來的七百五十萬全部孤注一擲地押在「十七」號上，結果輪盤的小球方向一偏，最後停在「十八」號上。

就這樣一號之差，他一輩子都賺不到的天大財富，轉眼間便輸得一乾二淨了。最後，他身上一毛錢都沒有，只好垂頭喪氣地走回旅館。

他一進房間，妻子就問他：「你到哪裡去了？」

「我去賭輪盤。」他說。

「手氣怎麼樣？」妻子好奇地問。

「還好，我只輸了五塊錢。」

美國作家海爾曼曾經這麼說：「有一天，當你發現自己的失敗都是自己的貪慾造成的，而非源於意外、時間或命運，那是多麼悲哀的事。」

貪婪是一面鏡子，映照我們內心的醜陋，顯現在我們的臉上。

其實，這位新郎原本可以成爲七百五十萬美元的主人，但是他的貪心，卻讓他成了「只輸了五塊錢」的過路財神。

我們或許都曾有這樣的經驗，但是機會來臨之時我們沒有好好把握，又太過於相信自己的運氣，最後落得一場空。

得到一樣東西之後，往往又會想要更多，人的慾望無窮，但是得到的卻沒有更多，反而把原本握在手上的，拱手讓給了別人。

如果你已經掌握了些什麼，請你好好把握，或許從這些資源中，你反而能得到更多意想不到的收穫！

在經濟不景氣，物價又不斷飆高漲的年代，如果不想讓自己淪爲赤貧階級，那麼從現在開始，就得適度地修正自己的態度，才不會總是爲了生活苦惱。

有實力，才有好運氣

雖然成功有時候也會受到運氣的影響，但是運氣不可能平白從天上掉下來，而是在累積一定的實力之後才會降臨在努力的人身上。

腳踏實地是的成功首要條件，但不可否認的是，有時候，「運氣」多多少少也可能成爲影響成功的條件之一。

不過，做事不能碰運氣，平時必須多累積自己的實力，只要經常克服自己的缺失，每個人都會有好運氣。

有一位老伐木工正在對新入行的班納德解釋要如何砍樹，老伐木工說：「要

是你不知道樹砍斷後會落在什麼地方，那麼就不要砍它。而且樹總是會朝支撐少的方向落下，所以，如果你想讓樹朝哪個方向落下，只要削減那一方的支撐力就可以了。」

班納德聽完，心中覺得半信半疑，他知道要是稍有差錯，他們要不是損壞一棟昂貴的別墅，就是弄垮一幢磚砌的車庫。班納德滿心不安地依照老伐木工的指示，在兩幢建築物中間的土地上劃一條線。

在那個還沒有電鋸的時代，砍樹主要靠的是腕力和技巧。

老伐木工等班納德準備完成之後，揮起斧頭便向大樹砍去。

這棵大樹的直徑大約一公尺，老伐木工年紀雖然大，但臂力還是很強勁。過了半小時，大樹果然不偏不倚地倒在班納德所畫的線上，而且樹梢離房子還有很遠的距離。

班納德很佩服老伐木工的本事，但是老伐木工什麼也沒有表示，只是默默地將大樹砍成整齊的圓木，再把樹枝劈成柴薪。

班納德見狀，不禁對老伐木工說：「你的技術眞好！我絕對不會忘記你所教

的砍樹技巧！」

一直不發一語的老伐木工，這時才緩緩地對班納德說：「算我們的運氣好，今天沒有風。你要注意，永遠要提防風！」

雖然成功有時候也會受到運氣的影響，但是運氣不可能平白無故地從天上掉下來，而是在累積一定的實力之後，才會降臨在努力的人身上。

美國作家約翰．巴勒斯說：

> 「運氣看似誘人，但事實上，有很多遙不可及和美好的事物都只是騙人的幌子，最好的運氣來自你的實力。」

碰運氣，最後往往只會讓人垂頭喪氣，因爲，成敗的關鍵不在運氣，而在於你是否能計算出運氣的行進軌跡，是否有足夠的能力抓住它。

如果沒有努力過，只妄想著依靠運氣就能成功，那麼就算僥倖成功了，這種成功往往也只是曇花一現，難以長久維持的。

7.

別讓不如意干擾情緒

當天不從人願的情形發生時，
就不應該把這種情形稱作失敗，
只有當自己放棄的時候，
才叫做真正的失敗。

把學歷轉化成能力

文憑就跟外表一樣，雖然一開始容易吸引眾人的目光，但是缺乏真材實料的內在，再好看的外表，也只是無用的裝飾品而已。

在現代社會中，學歷的重要性是無庸置疑的，大學畢業也已經是最基本的標準。

但是，如果沒有眞才實學的話，再好的文憑和學位，也沒有辦法成爲不可取代的優勢。

肯尼迪高中畢業後就開始找工作，偶然間發現了一則徵人廣告，內容是某家知名的出版公司要招聘一位負責五個州內各書店、百貨公司和零售商的業務代表；薪水是一個月一千六百美元到兩千美元，另外還有工作獎金、出差費和公司配車。

這是肯尼迪夢寐以求的工作，可惜的是，他在面試的時候就被拒絕了。

主管很客氣地對肯尼迪解釋爲什麼拒絕他的理由：第一、他的年紀太輕；第二、他沒有相關的工作經驗；第三、他只有高中畢業而已。

肯尼迪竭盡所能地毛遂自薦，但是主管的態度仍然十分堅決。這時，肯尼迪靈機一動，對主管說：「反正你們這個業務代表的空缺已經缺了六個月了，再缺三個月應該也不會有太大的差別。既然如此，能不能讓我先做三個月？我不要薪水和交通工具，公司只要負擔我的出差費就行了。等三個月之後，你再決定要不要錄用我，如何？」

主管覺得肯尼迪的辦法很有趣，便答應了他的條件。

在這短短的三個月裡，肯尼迪達成許多耀眼的成績，其中包括了重組了銷售流程，創下公司有史以來的銷售紀錄；他也爭取到更多新客戶，包括一些以往一直爭取不到的客戶。於是，不到三個月，肯尼迪就被錄取了。

俄國作家契訶夫曾說：「人要有三個頭腦：與生俱來的頭腦，從書籍中得來的頭腦，從生活中得來的頭腦。」

時下年輕人經常犯的錯誤就是不懂得活用頭腦，沒有行動力，一味把學歷視爲能力。

學歷或許重要，但是把學歷轉換成能力則更重要。如果做不到這一點，那麼擁有再顯赫的文憑，也不過代表比一般人會讀書而已。

文憑就跟外表一樣，雖然一開始容易吸引衆人的目光，但是倘使缺乏眞材實料的內在，那麼再好看的外表，也只是無用的裝飾品而已。

不要讓自己的創意不切實際

創意一開始都是天馬行空的，需要靠行動一步步地修正，否則，再多的想法，也不過是徒然浪費自己的想像力罷了。

法國哲學家列維．斯特勞斯曾說：「千萬不要想像我們能像噴泉一樣創新。創意必須經過長期醞釀才能成熟，才能在約束中鍾打出自己的道路。」

科技與網路的迅速發展，改變了人類經濟活動的內容，也爲人類的精神層次帶來極爲深刻的影響，「創意」這個名詞儼然成了新時代的主角。

誠然，知識經濟時代的靈魂是創新，但是，並不是所有的創意都能派上用場，有時它只是個餿主意。

《富爸爸,窮爸爸》裡有一則有趣的故事。

羅伯特和麥克才九歲的時候,就想靠自己的力量賺取零用錢。但是,他們的年紀太小了,找不到適合的工作,於是兩人想了很久,終於想出了一個他們認爲「最好」的賺錢方法。

接下來的幾個星期,羅伯特和麥克跑遍了整個小鎮,到處去要別人用完的牙膏皮。每個人都很願意給他們這種沒用的東西,可是每當問他們有什麼用途時,他們總是回答:「這是商業秘密」。

等到他們攢足了牙膏皮時,他們就開始行動,要把這些牙膏皮「變」成錢。兩個九歲的男孩在車庫合力「安裝」了一條生產線,還要求羅伯特的爸爸來參觀。

原來,當時的牙膏皮還不是塑膠製,而是鉛製的,所以把牙膏皮上的塗料熔掉之後,鉛皮就會因爲高溫變成液體,然後羅伯特和麥克再小心地把鉛液灌入裝有石灰的牛奶盒裡。

看到這種情形，羅伯特的爸爸好奇地問：「你們在做什麼？」

羅伯特興奮地回答說：「我們正在『做』錢，我們就要變成富翁了！」

麥克也笑著說：「我們是合夥人。」

隨後，羅伯特用一個小鎚子敲開牛奶盒，並且對他爸爸說：「你看，這是已經做好的錢。」

說著，一個鉛製的五分硬幣就這麼掉了出來。

羅伯特的爸爸這才明白：「原來你們在用鉛鑄硬幣啊！」

麥克說：「對啊，這是我們想到的賺錢方法。」

羅伯特的爸爸笑著搖搖頭，並且向他們說明這個方法是犯法的行爲，根本行不通。兩個孩子頓時覺得非常失望，羅伯特很沮喪地對麥克說：「我們當不成富翁了。」

羅伯特的爸爸聽了這話，對他們說：「孩子，一件事情的成敗並不重要，重要的是你們曾經嘗試過。你們比大多數只會空談的人還要厲害得多，我爲你們感到驕傲。」

創意如果沒有眞正付諸行動，就不可能稱爲創意，只能稱爲一種腦海中浮現的「想法」而已。

而且，創意一開始都是天馬行空的，需要靠行動一步步地加以修正，否則，再多不切實際的想法，也不過是徒然浪費自己的想像力罷了。

因此，當別人嘲笑你的創意是異想天開的幻想時，先別急著鬧脾氣，也不用和對方爭得面紅耳赤，而是付諸行動，然後一步步加以修正。

如此一來，你的創意就有可能成爲通往成功的捷徑。

別讓不如意干擾情緒

當天不從人願的情形發生時，就不應該把這種情形稱作失敗，只有當自己放棄的時候，才叫做真正的失敗。

一旦遇到計劃不如預期、成績不好、工作不順、失戀……等等情況，很多人便認定了這些事就代表了失敗。

其實，很多事情根本稱不上失敗，日子也沒想像中那麼難過，頂多只能說是天不從人願而已。

有項統計說，人類百分之七十的煩惱，都跟不懂得改變心境有關。看待生命的角度不同，自然而然也會得出截然不同的結果，又何必讓不如意的小事擾亂自己的情緒呢？

有一家人趁著難得的假期高高興興地出國旅行，整個旅途上都很平安順利，大家也都玩得很愉快。

沒想到返抵國門後正準備從機場回家的時候，在高速公路上竟遇上了一場很嚴重的連環大車禍。

雖然全家人都很幸運沒有受傷，但因爲車禍的關係，延遲了六小時才回到家。好不容易回到家，全家人原本陶醉在旅行之中的愉快氣氛，早已蕩然無存了。

他們不斷向前來家中拜訪的親朋好友抱怨自己的倒楣，反而對旅途中發生的趣事隻字不提。這時候，在一旁靜靜聽著抱怨的老奶奶開口說道：「這有什麼倒楣的？遇到這麼大的車禍，死傷又這樣慘重，一家人都還能安全地回來，這已經是很大的福氣了。」

我們經常可以看到，不論遭遇多麼不幸的事，智者總是會從中獲得一些有益的經驗；不論遇到多麼幸運的事，愚者還是感到無限悲傷。

不要讓不如意干擾自己的情緒，當天不從人願的情形發生時，就不應該把這種情形稱作失敗，更別因此而產生負面的情緒和想法，因爲，只有當自己放棄的時候，才叫做眞正的失敗。

其實，許多不順遂的事情充其量也不過是不完美的結果而已。

再怎麼成功的人，也會有徒勞無功的時候，但是，這些人不會將徒勞無功視爲失敗，而是視爲不如人意的結果，並且充分累積和運用這些「結果」，達到最後的成功。

約束，是為了得到更多自由

如果每個人都能隨心所欲，結果必定一團混亂。你想要的不一定是別人想要的，當兩者的慾望產生衝突時，要不造成混亂也難。

每個人都想過隨心所欲的生活，只可惜現實中存在著太多制約和束縛，無法讓人任意而爲。

很多人會因此抱怨，但是仔細想想，如果沒有這些束縛的話，那麼生活也就失去了規範，也就更容易變得混亂不堪了。

有一棵剛種下的小樹被綁在木樁上，小樹感到很不自在，便對木樁抱怨說：

「你爲什麼要這樣約束我，剝奪我的自由？」

木樁回答小樹：「你才剛被種下，根都還沒有紮穩，我的存在是爲了幫助你紮根，並且增加抵禦強風的能力，如此才能讓你不至於倒下！」

小樹完全聽不進木樁的話，心裡想：「我才不相信你這些鬼話！就算沒有你，我還是能紮穩根，我根本不需要你的幫助！」

於是，小樹藉著風力，天天用力地摩擦木樁，終於把綁著它的繩索弄斷了。

小樹非常高興能夠重獲自由，因爲它總算能隨風搖擺自己的軀幹，再也沒有東西能夠束縛它了。

當天晚上，忽然來了一陣狂風暴雨，小樹因爲沒有一個有力的支撐，於是很輕易地就被連根拔了起來。

等到第二天早上，毫髮無傷的木樁對著倒在地上的小樹說：「獲得自由的感覺，你現在應該知道了吧！」

小樹不禁後悔地說道：「我現在才明白我需要約束，可惜已經太遲了！」

科學家赫胥黎曾說：「我無法駕馭我的命運，只能與它合作，從而在某種程度上使它朝我引導的方向發展。」

想要超越現況的同時，也要學會「自我節制」，尤其是對一些可能危害自己和別人的行爲更要三思而後行。

如果每個人都能隨心所欲，那麼結果必定會造成一團混亂。

畢竟，你想要的不一定是別人想要的，而當兩者的慾望產生衝突時，要不造成混亂也難。

所以，下次想抱怨時，別忘了你是在「自由」的情況下抱怨你的束縛，比起「危險的自由」，適當地約束更能幫助你成長。

用別人的錯誤當作成功的基石

要想成功，除了埋頭苦幹以外，也別忘了抬起頭來看看四周，讓別人的錯誤，成為你成功的基石。

卡耐基曾說：「人要懂得從失敗中培養成功，因為，障礙與失敗，就是通往成功的兩塊最穩靠的踏腳石。」

想減少錯誤的發生，不妨多看看別人的失敗經驗吧！如果已經有一個不良示範呈現在你眼前，那麼你重蹈覆轍的機會便能減少許多。

美國成功學大師安東尼·羅賓在接受媒體訪問時，曾經提到爲什麼他能嚴厲拒絕煙酒和毒品的原因。

安東尼．羅賓說，並不是因爲他夠聰明，而是他比較幸運罷了。他之所以不喝酒，是因爲在他還是個孩子時，曾看到家中有人因爲喝醉而吐得一塌糊塗，那種痛苦的模樣留給他極深刻的印象，從此讓他知道喝酒實在不是一件好事，也不是快樂的事。

除此之外，他有一位好友的母親，大約有兩百公斤重，每當她喝醉時就會緊緊地抱著他，他的臉上和身上都會沾滿她的口水。

這些經歷讓他對酒深惡痛絕，一直到現在，只要聞到別人嘴裡所呼出的酒氣，他還是會覺得很不舒服。

也由於類似的經驗，使他沒有染上吸毒的壞習慣。

在他就讀小學三年級時，有一次警察到學校來，放映一部有關吸毒的影片。片中人物在吸毒後神志不清，於是瘋狂跳樓，死狀十分恐怖。

一直到現在，那部影片他依然記得一清二楚，於是他就把吸毒、變態及死亡聯想在一起，這使他日後連嘗試的念頭都不敢有。

所以，並不是他聰明才知道這些壞習慣的可怕，而是有幸在很小的時候就有人告訴他，染上這些壞習慣的可怕後果。

古希臘哲聖蘇格拉底曾說：「真正成功的人，就是能藉助別人失敗的經驗，來讓自己學到聰明。」

如果已經有人把犯錯的後果呈現出來，但是你仍然想嘗試的話，那麼你注定不會成爲一個有作爲的人，到只會抱怨自己的日子越來越難過。

因爲，你不但不肯花時間做其他有意義的事情，反而寧願花時間繼續犯別人犯過的錯，長久下來，你又有多少的時間可以反省和悔改呢？

要想成功，除了埋頭苦幹以外，也別忘了抬起頭來看看四周，讓別人的錯誤，成爲你成功的基石。

停止反省，等於停止進步

無論任何企業，都必須隨著時代脈動調整步伐，並且在不斷的流動中反省，才能讓企業的價值越來越高，根基也紮得越來越穩固。

在人生過程中，我們往往會碰到許多意想不到的挫折與困難。想要成功，就必須克服重重危機。

在克服危機的過程中，懂得反省是很重要的，因爲只有懂得反省的人，才有可能找到衝破危機的方法。

安麗是美國知名的消費品製造商，擁有超過一百萬名獨立經銷商的全球直銷

網絡，而且旗下販售的產品超過四千三百種。

更驚人的是，安麗所有的商品都是透過上門推銷和郵購的方式銷售，年營業額高達數十億美元。

安麗是由狄韋斯和傑文．安岱爾兩人共同創立的。狄韋斯在讀高中時，遇到了傑文．安岱爾，兩個年輕人有著相同的夢想、希望和目標，就這麼開始了一起創造事業的過程。

五〇年代末，他們在自家的車庫裡展開了他們的事業。後來雖然遭遇過許多挫折，但是他們兩人從不放棄，並且彼此扶持、鼓勵，經過長時間的努力之後，終於演變成現在的安麗。

當媒體詢問狄韋斯的經營之道時，狄韋斯認爲，那些夢想擁有自己事業的人，最後往往只看重管理事業，而不是繼續成長。

大多數公司之所以會垮，是因爲原本的創立者忘了繼續進步的重要，只陶醉在公司目前的繁榮景象。

如果要繼續進步的話，就不能忽略時時自我反省。

作家穆尼爾．納素夫曾說：「人的生活方式如果一味地延續一系列的舊習慣，那麼毫無疑問的，他會淪為生活的奴隸。」

人活著，不論何時都要活得比從前更美好和精采，成功之後更要再接再厲，努力維持得來不易的成果。

白手起家的人固然值得欽佩，但是「守成」的人則更爲重要。

要想維持成功的榮景，停滯不前非但無法維持原有的成績，反而是一種退步，甚至會導致瓦解。

所以，無論任何企業，都必須隨著時代脈動調整步伐，並且在不斷的流動中反省，才能讓企業的價值越來越高，根基也紮得越來越穩固。

努力，要讓別人看得到

如果想要脫穎而出，除了比別人做得更好之外，還要讓自己更耀眼！埋頭苦幹是行不通的，還得讓大家看得到你的努力才行！

大家都知道要努力才會成功，但卻不是每個人都知道該如何「努力」。

其實，努力並不等於一味地埋頭苦幹，懂得方法的「努力」，才是有效達到目標的好辦法。

曾經有一個衣衫襤褸的少年，到摩天大樓的工地，向衣著華麗的承包商請教：

「我應該怎麼做，長大後才能跟你一樣有錢？」

承包商看了少年一眼，對他說道：「我跟你說一個故事，從前有三個工人在同一個工地工作，三個人都一樣努力，只不過，其中一個人始終沒有穿工地發的藍制服。最後的結果是，第一個工人現在成了工頭，第二個工人已經退休，而第三個沒穿工地制服的工人則成了建築公司的老闆。年輕人，你明白這個故事的意義嗎？」

少年滿臉困惑，似乎聽得一頭霧水，於是承包商繼續指著前面那批正在鷹架上工作的工人對男孩說：「看到那些人了嗎？他們全都是我的工人。但是，那麼多的人，我根本沒辦法記住每一個人的名字，有些人甚至連長相都沒印象。但是，你看他們之中那個穿著紅色襯衫的人，他不但比別人更賣力，而且每天最早上班，也最晚下班，加上他那件紅襯衫，使他在這群工人中顯得特別突出。我現在就要過去找他，升他當監工。年輕人，我就是這樣成功的，我除了賣力工作，表現得比其他人更好之外，我還懂得如何讓別人『看』到我在努力。」

其實，早在唐朝，名將薛仁貴就運用過這種與眾不同的方式，獲得唐太宗賞識。當時，唐太宗率軍親征高麗，正當將士們全副武裝與高麗軍隊廝殺時，名不見經傳的薛仁貴卻藝高膽大，刻意身穿一身白袍奮勇殺敵。

事後，唐太宗果然對這位「白袍小將」留下深刻印象。

想要比別人早一步成功，除了必須不斷挑戰困難和不斷超越自己之外，最重要的是，要讓別人看得見自己的表現。

不要以為只有你一個人在拼命工作，其實每個人都很努力！

因此，如果想要在一群努力的人中脫穎而出，除了比別人做得更好之外，就得靠其他的技巧和方法了。

最好的辦法，就是找出自己與眾不同的特質，將你的努力用在發揮這些特質上。如此一來，即使做的是相同的工作，那麼你也會比別人更耀眼，更有可能獲得成功的機會！

要努力，還要有毅力

成功不只需要努力，還要加上決心及毅力，就算努力之後無法達到自己想要的結果，但至少能夠為下次的成功，奠定更紮實的基礎。

歷史上許多著名的人物，在成功之前，都曾付出過不爲人知的努力，這些努力的過程甚至可以用「拼命」來形容。

正因爲他們付出了這麼多，所以才能得到衆人所不及的成就。

英國細菌學家歐立然，在研製消滅人體內的錐蟲和螺旋體病原蟲藥物的過程中，幾個晚上徹夜不眠是家常便飯。眞的累到受不了的時候，就用書當枕頭，和

衣躺在實驗室的長椅上小睡片刻，醒來後，再接著繼續工作。這樣持續了許多年，最後才終於研發出六百多種藥物。

俄國詩人馬雅可夫斯基在寫《多斯塔之窗》時，也是夜以繼日地寫作，不浪費任何一點靈感。疲倦的時候，就用劈柴當枕頭，因爲劈柴不舒服，所以才能讓自己不至於睡得太久。

正因爲如此，他才能擁有比一般人還多的時間，做出一般人做不到的事情。

科學家牛頓也是如此。

牛頓有一次請朋友吃飯，朋友已經到了，僕人也把飯菜都擺好了，可是卻遲遲不見主人牛頓的蹤影。原來，牛頓突然想到一個問題，又躲進實驗室裡做實驗了；一進入實驗室後，牛頓就忘記了外界的一切，更忘了請朋友吃飯這件事了。

朋友知道牛頓的習慣，自己吃完飯後便告辭走了，而牛頓一直等到得出了實驗結果後，才滿意地走出實驗室。

等他來到餐廳，看到朋友吃剩的飯菜時，還莫名所以地說：「我還以爲要吃飯了呢，原來我已經吃過了！」

許多人生導師都不厭其煩地告訴我們：「壯志與熱情是夢想的羽翼，自信與堅韌是成功的階梯。」

許多偉大人物的成功經驗印證了這句話的眞實性，在在提醒我們，必須把所有的心力，放在當下應該努力的事情上面。

很多人才剛剛付出，就急著期待看到成果，如果結果不如預期，便心灰意冷，立刻想要放棄。

這樣的人是永遠不可能成功的，因爲成功不只需要努力，還要加上決心及毅力。就算努力之後無法達到自己想要的結果，但至少盡了全力，不只對得起自己，也能夠爲下次的成功奠定更紮實的基礎。

機會就在「麻煩」中

機會往往就隱藏在層層的麻煩之中，如果你想成功，別吝嗇你的時間，只要你願意堅持下去，你一定能找到成功的契機！

每個人都不喜歡麻煩，也沒有人會自找麻煩，可是麻煩的事情中，卻往往隱藏著成功的契機。

如果沒有那些愛「找麻煩」的人，世界上的成功者也許會因此減少很多。

費爾德是架設海底電纜的創始者，當他決定進行海底電纜這個計劃時，毫不猶豫地把自己所有的財產都拿出來，投資在開發海底電纜上。

為了尋求國會議員的支持，他在國會議題討論中不知道接受過多少議員的質疑和反對，但是他並不灰心，最後終於獲得國會議員過半數通過支持，讓他的計劃得以執行。

鋪設海底電纜是一項前所未見的工程，在第一次架設的時候，就因為電纜在海裡無法鋪超過五公里而失敗。接下來，他仍然不斷地遭遇到許多慘痛的失敗，但是他一步一步地修正，最後，終於在一八五八年完成了世界上第一條海底電纜。

電纜雖然架設好了，但遺憾的是，電纜只營運了幾個星期就停擺。可是費爾德還是不死心，他仍然到處說服投資人，籌集資金準備做最後一搏。

好不容易有公司願意支援費爾德的計劃，但是在鋪到兩千四百英哩的地方時，電纜又斷了，一切的努力又付諸流水，損失金額超過六百萬美元。

經過十二年不停地努力，在一八六六年七月二十七日那天，他終於成功地完成了電纜的工程。第一個透過海底電纜傳來的消息是：「感謝上帝，電纜鋪好了，運行正常。費爾德。」

不要害怕出現眼前的麻煩，要把每一次打擊都當成學習的機會，把每一個危機都視爲成功的轉機。

如果困境讓我們失去了追求的動力，如果逆境讓我們失去了對未來的憧憬，那麼，我們就是不折不扣的失敗者了。

有時候，「自找麻煩」反而是讓自己功成名就的大好機會，因爲大多數人都怕麻煩，所以「自找麻煩」的人反而特別容易引人注意。

機會往往就隱藏在層層的麻煩之中，如果你想成功，別吝嗇你的時間，只要你願意堅持下去，你一定能找到成功的契機！

8.

自以爲是，
會妨礙你的前途

每個人都有不同的優點和特質，
學著看對方的優點，總比心高氣傲，
為自己樹立更多敵人要來得有建設性！

先跨出第一步再說

只要確定目標,那麼就勇敢地踏出你的步伐吧!所有的障礙,都會在你跨出步伐時,找到理想的解決辦法。

並不是每個人都可以一開始就設計出一個完美的夢想藍圖,絕大多數的人都是在生活中,慢慢地摸索出自己到底想要些什麼,並且從不斷地行動中,讓藍圖逐漸成眞。

跨出第一步的實際行動,遠比擬定一大堆華麗的計劃重要。

倘使不願意積極踏出第一步,那麼腦海中的夢想藍圖不但沒有修正的空間,最後也會淪爲紙上談兵。

某個成功學大師到墨西哥巡迴演講時，有一對夫婦特地到休息室來拜訪他，並且希望這位大師能夠替他們目前生活上遇到的問題，提供一些有效的建議。這個妻子對大師說：「我們一直希望能在高級住宅區擁有一棟房子，我們已經夢想好多年了。」

大師問：「那爲什麼還沒有呢？」

丈夫嘆口氣回答道：「這談何容易，我們的存款不夠。」

大師說：「既然你們已經知道你們想要的是什麼了，窮又有什麼關係呢？不要讓窮阻止你們跨出第一步。」

這句話讓夫婦兩人下定了決心要努力完成夢想。經過一段時間之後，這對夫婦再度前來拜訪大師，這個妻子對大師說：「我們從墨西哥來到美國，是專程爲了來感謝您的。」

大師有點驚訝：「爲什麼要感謝我？」

「要不是您，我們也許永遠都沒有辦法擁有新房子。」

丈夫接著說出事情經過：「有一天，我們有幾位美國朋友打電話來，要我送他們到高級住宅區去。由於那時我們都已相當疲倦，原本打算拒絕的，可是突然想到你對我們說的『跨出第一步』，於是我們決定送他們到那裡。我們到了高級住宅區後，我們看見了自己夢寐以求的房子正在出售，於是我們就買下它。」

大師好奇地問：「你們要怎麼負擔房子的費用呢？」

妻子回答：「我們買了兩間房子，再將其中一間租出去，這樣一來，那棟房子的租金就可以貼補房貸的分期付款；再加上我們原來的存款，剛剛好能讓我們完成夢想。」

奧維德曾說：「沒有勇氣過好今天的人，明天會過得更糟。」

其實，一個人能不能順利完成夢想，並不在於先天擁有什麼能力，而在於是否擁有下定決心執行的勇氣。

千萬要記住，只要有勇氣去面對，一切的問題都會迎刃而解。

如果這對夫婦一直抱持著「存款不夠，所以買不起房子」的心態，那麼他們永遠也沒辦法擁有自己想要的房子。

他們跨出了第一步，不但讓美夢成眞，也想出了解決問題的方法。由此可知，目標，絕對是成功的第一步！

只要確定目標，那麼就勇敢地踏出你的步伐吧！所有的障礙，都會在你跨出步伐時，找到理想的解決辦法。

你的眼睛長在背上嗎？

> 若沒有漫長的努力，成就也不會憑空出現，只有努力再加上毅力，成功才會在不經意的時候，出現在堅持的人面前。

人們常常會引用蘋果落在牛頓頭上，導致他發現萬有引力定律的例子，來說明偶然對事件的影響力。

不過，我們卻忽略了最重要的一點：在蘋果落下之前，牛頓並不是癡癡地在樹下等待著，而是累積了許多年的研究，才會從偶發事件中得出這個眾人都無法想到的結論。

人們總會有這種刻板印象，認爲成功人士的所做所爲一定都很了不起。其實，像牛頓這些擁有創見的科學家們，他們研究的，都是一些日常生活中發生的現象。唯一不同的，就是他們能從這些大家都知道的普遍現象中，看到不平凡的內在或事物與事物的關聯。

例如，在天文學家伽利略之前，很多人都知道懸掛的物體會有節奏性來回擺動的特性，可是卻只有伽利略能從中看出其價值，並且歸納出一般人無法得到的結論。

十八歲的伽利略在比薩教堂中，看到懸掛的油燈來回盪個不停，因此想出了計時的辦法。在這之後，又經過五十年的潛心鑽研，伽利略終於成功地發明了鐘擺，這項發明對於精確計算時間和從事天文研究，都產生了十分重大的作用。

還有一次，伽利略偶然間得知一位荷蘭眼鏡商發明了一種儀器，透過這個儀器，人們可以清楚地看見遠方的物體。

這個消息促使伽利略開始研究這一現象背後的原理，並且讓他成功地發明了望遠鏡，從而奠定現代天文學的基礎。

所羅門王曾說過：「智者的眼睛長在頭上，愚者的眼睛卻長在背上。」

只有具備洞察力的人，才能穿透事物的表象，深入到事物的內在結構和本質，並且透過觀察比較，發現各種事物內在的差異和價值。

所有的發明，都不可能是因爲漫不經心地觀察就可以發現的。

有些人將自己的成功歸功於偶然的機遇，但不可否認的是，若沒有之前漫長的努力，這些成就也不會憑空出現。

只有不斷努力再加上超越常人的毅力，成功才會在不經意的時候，出現在堅持到最後的人面前。

自以為是，會妨礙你的前途

每個人都有不同的優點和特質，學著看對方的優點，總比心高氣傲，為自己樹立更多敵人要來得有建設性！

在人際關係中，最大的錯誤就是看不起別人。這種自以爲是的心態，不但會爲自己樹立敵人，而且也可能切斷自己的發展前途。

法國文學家兼哲學家司湯達在他的代表作《紅與黑》裡寫道：「被人蔑視所引起的憎恨，經常是猛烈異常的。」

蔑視別人只會讓你自討苦吃，千萬不要小看身邊的任何人，因爲你永遠也不知道他什麼時候會爬到自己頭上。

維斯卡亞公司是美國八〇年代最著名的機械製造公司，它的產品不但銷售全球，而且也是重型機械製造業的龍頭。

這個公司是許多大學生夢寐以求的第一志願，儘管相關部門的技術人員早已爆滿，沒有空缺，仍然有很多畢業生希望能進入這家公司工作。

詹姆斯就是其中之一！他和許多人一樣，在公司每年舉辦一次的徵才上遭到拒絕，不過，詹姆斯並沒有放棄，他下定決心一定要進入維斯卡亞重型機械製造公司工作，爲此他想出了一個很特別的辦法。

詹姆斯到人事部，向人事部經理提出請公司讓他來工作的要求，任何工作都無所謂，甚至連薪水都不需要。

公司起初覺得這個提議很不可思議，但考慮到不用付薪水就有人願意做事，於是便答應了詹姆斯的要求，派他去打掃工廠。

就這樣過了一年，詹姆斯每天勤奮地重複這種簡單但勞累的工作，爲了生活，下班後的他還得去酒吧打工。

在公司裡，就算許多工人任意地使喚他，詹姆斯也毫不介意。他的工作態度雖然慢慢地獲得人事部經理的好感，但是仍然沒有錄用他的打算。

一九九〇年初，維斯卡亞公司面臨了訂單被退回的危機，退回的理由都是產品品質有問題，並且讓公司受到嚴重的損失。董事會緊急召開會議，可是卻沒有人提出解決的方法，就在這個時候，詹姆斯要求參加會議，並且說自己有解決的方法。

在會議中，詹姆斯把問題出現的原因詳細地作了解釋，還就工程技術上的問題提出了自己的看法。接著，他拿出了自己的設計圖，這個設計非常先進，不但保留了原來機械的優點，同時也克服了已經出現的弊病。

原來，詹姆斯利用清潔工可以到處走動的優點，仔細察看了公司各部門的生產情況，並且一一做了詳細地記錄；觀察的過程中，他不僅發現了問題，還想出了實際地解決辦法。

董事們見到這個清潔工竟然有這麼大的本事，個個都露出訝異的表情，馬上詢問他的背景以及現況。

經過董事會舉手表決之後，詹姆斯立刻被聘請爲公司負責生產技術問題的副總經理。

看看詹姆斯的例子，千萬不要感到驚訝，在這個瞬息萬變的社會，今天的清潔工，也許明天就是你的頂頭上司。

那些你原本不放在眼裡的人一旦超越了你，就算他不跟你計較，你還是得花更多的時間才能彌補之前所犯的錯誤。

所以，與其浪費時間來彌補可能再也補不好的嫌隙，還不如平時就學習謙虛待人。

每個人都有不同的優點和特質，學著看對方的優點，總比心高氣傲，爲自己樹立更多敵人要來得有建設性！

「敬業」，就是脫穎而出的利器

付出越多，就可能做得越好。只要稍微捨棄自己的個人主義，「敬業」就可以成為讓你脫穎而出的利器。

現代人換工作的速度跟換衣服一樣，加上個人主義作祟，對公司或工作的向心力更是日趨淡薄，不只容易質疑公司政策的正確性，更容易因爲個人的情緒，而影響到工作的品質。

打從布隆伯格被所羅門公司錄用的那一刻起，他就認爲自己是一個「所羅門」人，必須展現應有的敬業精神。

所羅門公司看重能力，接受異議，對所有員工一視同仁的態度，讓布隆伯格覺得在這個環境中簡直如魚得水、十分滿意。

在當時的華爾街，組織的重要性遠遠超過個人，如果不是這家公司的創始成員的話，要進入這家公司可不是一件容易的事。布隆伯格很珍惜自己的工作機會，總是除了老闆比利・所羅門之外，每天第一個上班的員工。因爲辦公室都沒有人，所以布隆伯格的存在更讓老闆印象深刻。

布隆伯格在二十六歲時，就成了高級合夥人的好朋友，而且除了最早上班之外，他常常也是最晚下班的。布隆伯格的勤奮使他開始在同事中嶄露頭角，他的機會因此也比別人多了許多。

布隆伯格的敬業精神從學生時代就已經表露無疑。

他曾經在一個小房地產公司打工，和他一起來打工的學生總是遲到早退，心思根本不在工作上。布隆伯格就不一樣了！他從早上六點半就開始上班，八點之前所有打電話來詢問租房的人，都能立刻獲得滿意的答覆。而其他的人卻一直到九點半才開始上班工作。

布隆伯格的態度不但爲公司建立了良好的形象，替自己帶來了不少業績獎金，也替自己奠立了成功的基礎。

幽默作家馬克．吐溫曾說：「每天務必做一點你不願做的事，這是一條寶貴的準則，因為它可以讓你發現自己的生命潛力。」

不要爲了眼前的處境煩憂，成功其實沒有想像中那麼困難，只要秉持敬業精神把眼前的大小事做好，很快就可以爲生命塗上豐富的色彩。

也許你不能選擇工作，但是你絕對可以選擇讓自己「敬業」或「不敬業」。

也許有極少數人可以不努力就獲得成功，但這個機率幾乎是微乎其微，因爲，只有付出越多，才能做得越好。

其實，只要稍微捨棄自己的個人主義和好逸惡勞的缺點，「敬業」就可以成爲讓你脫穎而出的利器。

會「聽話」的人比較容易成功

在日常生活中學習聽話，可以讓你擁有良好的人際關係；而在銷售商品時學習聽話，才能讓你贏得顧客的信賴。

在現實生活中，很多人不但不懂得如何「說話」，甚至也不懂得「聽話」。這是因爲，我們通常只在乎自己的表達能力，而流於自說自話，忽略了留意聽別人說話的重要性。

這個現象反應了現代人急功近利的心態，以爲只要表達得宜，就可以說服別人，完成自己的目標，卻忽略了「聽話」才是最重要的一環，才是讓別人眞正接受自己的一種方法。

美國的汽車推銷大王喬治．吉拉德在他的推銷生涯中，總共賣出了一萬多輛的汽車，其中更包含了一年之內賣出一千四百二十五輛的紀錄。

雖然他的銷售成績十分輝煌，但這也是經過多次失敗才能夠得到的成績。

有一天，一位很有名的富豪特別來跟他買車，吉拉德非常賣力地爲富豪解說車子的各種性能，原以爲富豪會覺得很滿意，但是，出乎他意料之外的，富豪最後竟改變了心意，不跟他買了！

這讓一向以自己的推銷能力自豪的吉拉德非常疑惑，很想知道到底是哪裡出了問題。

吉拉德思考了一整天，還是不明白自己的失誤在哪裡，於是到了半夜十二點時，終於忍不住打電話去詢問富豪到底爲什麼不買他的車。

富豪拿起電話，一聽是吉拉德，便很不耐煩地說：「你知不知道現在已經十二點了？」

吉拉德很有禮貌地說：「很抱歉，先生。我知道現在打電話很不禮貌，但是，我眞的很想知道您不跟我買車的理由！能不能請您告訴我，究竟我讓您不滿意的地方在哪裡？」

富豪沉默了一會，開口說道：「既然你想知道，那麼我就告訴你吧！你的銷售能力眞的很強，但是，我不喜歡你今天下午的態度。我本來已經決定買了，可是在簽約前，我跟你提到我兒子的事情時，你卻表現出一副蠻不在乎的態度，而且你一邊準備收我的錢，一邊聽辦公室門外另一位推銷員在講笑話，這種態度讓我覺得很不受尊重。我就是因爲你漫不經心的態度，才打消了買車念頭的。」

交談的藝術，不只是讓人聆聽的藝術，同時也是聆聽別人說話的藝術。熟悉說話與聽話的藝術，人與人就可以在融洽與相互尊重的氣氛中，彼此交流想法和看法，也可以順利達成自己的目的。

有時候，你和某人並沒有交集點，但是，適時的說話與聽話技巧卻可以讓彼此敞開胸懷，建立起友誼的基礎。

不懂得「聽話」重要性的人，無疑是人際交往中的大傻瓜。

從事銷售工作的人都知道，滿足顧客的要求，才能成功地達成銷售商品的目的。但是，如何才能知道顧客的需求呢？這就得靠專注地傾聽，才能達到讓顧客滿意的效果。

「聽話」，是每個想要成功的人必須學習的功課。在日常生活中學習聽別人說話，可以讓你擁有良好的人際關係；而在銷售商品時學習聽顧客說話，才能讓你贏得顧客的信賴。

該說謊的時候，還是得說

雖然說謊不是好事，但是偶爾一兩句善意的謊言，會帶來令人意想不到的驚喜效果。

說謊，連三歲小孩子都知道這是一種壞習慣，可是，在大人的世界裡，總是誠實的直來直往，有時候反而會吃大虧。大家都喜歡聽好話，因此善意的謊言是有必要存在的。

善意的謊言最忌諱的就是過於誇張，而且要配合適當的時機和場合，這樣才能讓謊言發揮出最大的效果。

在一次盛大豪華的舞會上，甲對舞會的主人——一位徐娘半老，但仍然風韻猶存的女士說：「看到您，不禁使我想起您年輕的時候。」

女士微笑的問：「我年輕的時候怎麼樣？」

「很漂亮。」甲回答。

「難道我現在不漂亮嗎？」女士開玩笑的問。

沒想到甲竟然非常認真的回答：「是的，比起年輕時候的您，您現在的皮膚不但鬆弛，缺少光澤，甚至還有不少皺紋。」

這位女士聽完甲的回答，臉上一陣白一陣紅，十分尷尬的瞪著甲，剛才的自信完全消失了。

就在這個時候，乙適時出現在這位女士的面前，彬彬有禮的伸出手，對她說：「不知道我有沒有這個榮幸，請這個舞會上最漂亮的女士一起跳舞呢？」

女士的眼睛頓時亮了起來，立刻接受了乙的邀請，隨即兩個人在舞池裡跳了首舞曲。這時，女士像突然變了一個人般，全身散發著迷人的魅力，就像個漂亮的年輕女孩！

豈知，舞會過了沒幾天，甲和乙同時收到一封訃文，那位女士突然死了。不過，乙比甲還多收到了一封遺囑，這位女士在遺囑中註明，將自己所有的財產留給乙。

波斯作家薩迪曾說：「口中的舌頭是什麼？它是智慧寶箱的鑰匙，只要不打開，誰都不知道裡面裝的是珠寶還是雜貨。」

談話的時候，並不是什麼話都可以脫口說出。會傷害別人的話，就算是實話，也要儘量少說，否則只會自討苦吃。

有一句西洋諺語：「一滴蜂蜜能比十升膽汁招來更多的蒼蠅」，由此可見甜言蜜語比毫不留情的實話更能夠吸引別人。

雖然說謊不是好事，而且謊言一旦被拆穿，下場往往比說實話還慘；但是，偶爾一兩句善意的謊言，會帶來令人意想不到的驚喜效果。

要追求理想，也要兼顧現實

與其找一個完美的情人，還不如尋找能夠包容自己缺點的情人，只要能夠互相包容，那麼是不是完美，又有什麼重要呢？

理想一旦脫離現實，就會讓人內心充滿苦惱；唯有認清理想與現實的差距，才能讓現實與理想交融在一起，演奏出美妙的人生旋律。

理想和現實總是有差距的，理想不管有多完美，一旦碰到了現實生活，再完美的理想也必須適度地妥協，否則，到最後便會坐失良機。

有一個老人，身上背著一個破舊不堪的包袱，臉上佈滿了歲月的痕跡，腳下

的鞋子因爲長途跋涉而破了好幾個洞。這個老人的外表雖然很狼狽，但眼睛卻是炯炯有神，總是仔細而且專注地觀察著來往的行人。

這樣的一個老人立刻引起當地人的好奇，有個年輕人終於忍不住地問老人說：「請問，您是在尋找些什麼嗎？」

老人嘆了口氣，緩緩地回答道：「我從你這個年紀開始，就發誓要找到一個完美的女人，然後娶她爲妻。於是，我從自己的家鄉開始尋找，經過一個又一個城市，可是一直到現在，都還沒有找到一個完美的女人。」

「找了那麼多年，難道還找不到完美的女人嗎？會不會這個世界上根本就沒有完美的女人存在呢？」年輕人聽完老人的敘述後，認眞地問道。

老人斬釘截鐵地回答說：「這個世界上眞的有完美的女人存在！我在三十年前就曾經找到過。」

「那麼，您爲什麼不娶她爲妻呢？」年輕人繼續問。

老人聽了，幽幽地嘆了口氣，悲傷地回答：「當時，我立刻就向她求婚了，但是她卻不肯嫁給我。」

「爲什麼呢？」

「因爲，她也在尋找這個世界上最完美的男人！」

只要不過度苛求，生命中處處是機會，就算失意或挫折也可以是機會的另一種變身。

我們應該試著將理想落實到現實生活，如此才會充滿追求的喜悅，不至於因爲過分吹毛求疵而一再讓機會流失。

十全十美的人只會出現在小說或電視裡，不會存在於眞實的生活中。因此，與其找一個完美的情人，還不如尋找一個能夠包容自己缺點的情人，只要能夠互相包容、配合，那麼是不是完美，又有什麼重要呢？

不論待人或處事也是如此，太過堅持完美，只會讓自己變成食古不化、自討苦吃的大傻瓜。

生命有限，慾望無窮

慾望是無窮無盡的，但是生命卻正迅速地流逝，當你發現時，或許已走到離終點不遠的地方了。

幽默作家馬克．吐溫曾說：「我們如果把一生好好度過，等到死的時候，就連殯儀館的老闆也會感到惋惜。」

其實，生老病死只是人生必經的流程，再多的嘆息與悔恨也喚不回逝去的生命。我們唯一能做的，就是體認生命的無償，好好珍惜自己有限的時間，不要把生命浪費在無意義的事情上。

佛經上有一個這樣的故事。

從前，舍衛國有一個名叫翟縣彌的女孩子，容貌秀麗，身材也很苗條。翟縣彌後來嫁給一個年輕的富翁，生了一個聰明可愛的孩子，以世俗的眼光來看，翟縣彌是非常幸福的。但是，不幸卻突然降臨到她身上，她的孩子在剛學會走路的時候，就因爲意外而夭折了。

霍縣彌因此非常痛苦，整天抱著已經死去的孩子，到處請教別人能不能救活。可是，她所遇到的人都表示愛莫能助，直到有一天，有個人告訴她不妨去請求佛陀釋迦牟尼。

那個人說：「聽說佛陀有世上最好的藥，說不定他能救活妳的孩子！」

霍縣彌立刻跑去求佛陀：「佛陀！聽說您有可以救活我孩子的藥，請您發發慈悲，救救我的孩子吧！」

佛陀對霍縣彌說：「我可以救活妳的孩子，但是，妳必須先去要一些芥菜的種子來，而且最重要的一點是，這些芥菜的種子，必須來自沒有任何親人死亡的家庭才可以！」

霍縣彌非常高興，以爲孩子有救了，便按照佛陀的指示，沿街敲門詢問：「你們家有沒有芥菜的種子？」

每一戶人家都說家裡有芥菜種子，可是每一戶人家也都說家中有人死亡過。她挨家挨戶地問，每一家都很樂意幫助她，只是她卻找不到一戶從來沒有親人去世的家庭。

天色漸漸晚了，疲累不堪的霍縣彌終於明白了一個道理：「在這個世界上，不是只有我的孩子會死，任何人家都曾經有親人過世啊！」

霍縣彌的悲傷終於隨著這個領悟而慢慢消失，她擦乾了自己的眼淚，便在城外把孩子埋葬了。

歌德曾經寫道：「誰若遊戲人生，他就一事無成，誰若不做自己的主宰，就永遠只能做一個輸家。」

雖然，珍惜時間不能增添一個人的壽命，然而懂得活在當下，卻可使生命變得更有價值。

逝去的人事物固然還活在我們的腦海，然而，過度沉緬無疑是無意義的陪葬行爲。如果你想把所剩不多的時間變得更有意義，就必須清理雜蕪的思緒，認清自己想要的究竟是什麼，善於利用自己的每一天。

「生死有命，富貴在天」，這是一句大家都耳熟能詳的諺語。當你還在汲汲營營於爭名奪利，或是終日渾渾噩噩無所事事的時候，請思考一下到底什麼才是最重要的！

畢竟，慾望是無窮無盡的，但是生命卻正迅速地流逝，當你發現生命的眞諦之時，或許已走到離終點不遠的地方了。

9.

換個角度，
就會更加突出

樂觀的人，
可以在每個憂患中看到機會；
但悲觀的人，
卻只能在每個機會中只看到憂患。

限制，都是自己造成的

也許本來很簡單的事，都因為先在心中設置了障礙，才會讓事情越來越複雜，也限制了自己的發展。

人們總是習慣用外表或是既定的印象來評斷事物，就像想到「夏天」，就會聯想到炎熱，想到「複雜」，便會想到「困難」。其實，這些都是我們自己訂下的標準或印象。

因此，在真正嘗試之前，何不把自己放空，用單純客觀的角度加以判斷呢？說不定，許多的「麻煩事」，在這種「無預設」的心態下，便可以輕輕鬆鬆地解決了。

魔術大師胡迪尼最令人津津樂道的表演，就是他能在很短的時間內打開非常複雜的鎖，而且從來沒有失手過。

他爲自己訂下一個目標：六十分鐘之內，一定要從任何鎖中掙脫出來。不過，條件是必須讓他穿著自己特製的衣服進去，而且不能有人在旁邊觀看。

有一個英國小鎮的居民，決定向胡迪尼挑戰。他們製造了一個特別堅固的鐵牢，還配上一把非常複雜的鎖，然後請胡迪尼來挑戰，看看他能不能順利地從這個鐵牢中脫身。

胡迪尼接受了這個挑戰。他穿上了特製的衣服走進鐵牢，所有的居民都遵守規定，不去看他如何開鎖。

胡迪尼從衣服裡拿出工具開鎖，但是，時間一分一秒地過去了，他卻打不開鐵牢，頭上開始冒汗。終於，一個小時過去了，胡迪尼還是聽不到期待中鎖簧彈開的聲音，他精疲力盡地靠著門坐下來，結果牢門竟然順勢而開。

原來，這個牢門根本沒有上鎖！那把看似複雜的鎖原來只是個模型，誰也沒想到，一向有「逃生專家」美譽的胡迪尼，竟然被一把根本沒有「鎖」的鎖弄得動彈不得。

法國哲學家拉羅什富科曾說：「戰勝別人，不如打敗自己，因為，最可怕的敵人，就藏在自己的心中！」

許多的限制或障礙，其實都是自己造成的。因爲，遇到事情時，我們首先想的不是該怎麼面對，而是如何才能繞過；當問題發生時，直覺反應一定是先找藉口，而不是如何解決，總是等到眞的逼不得已的時候，才會動腦筋思考解決的方法。

殊不見，許多本來很簡單的事，都因爲我們先在心中設置了障礙，才會讓事情越來越複雜，也限制了自己的發展。

別繼續當個自暴自棄的傻瓜

回頭需要無比的勇氣，也許我們無法在第一時間回頭，但是只要願意，重新出發是永遠都不嫌晚的。

不管你過去多麼墮落或消沉，不管以前日子多麼難過，只要你願意改變，就一定來得及。就算你曾經對不起很多人，無法獲得別人諒解，但是在你回頭的時候，你至少開始對得起自己。

吉姆從小就不是一個乖孩子，偷東西、打架樣樣都來，久而久之，他的人生離正途越來越遠。

剛開始時，吉姆一點都不會感到內疚，但是隨著犯罪的次數越來越多、越來越頻繁，他積累的內疚感也越來越深。終於，這種掙扎的情緒讓他在一次持槍搶劫的行動中失手，被抓進了監獄。

吉姆在監獄裡，下定決心要重新做人。從監獄獲釋後，吉姆結了婚，搬到了加州，並且開了一家從事電子諮詢的小店。

可是好景不常，有一天一個陌生人來找吉姆，要吉姆用電子裝置協助自己犯罪。龐大的利潤吸引了吉姆，就這樣，他又開始了犯罪生涯。

吉姆變得很富有，錢似乎多得花不完，而這個情況也讓他的妻子開始產生懷疑。妻子想知道這些錢的來源，但是吉姆不肯說，兩人因此大吵了一架，於是吉姆煩悶地走出家門，在街上無意識地到處遊蕩。

走著走著，吉姆不知不覺地走到公園。他看到公園裡有很多人聚集，一時好奇，便跟著擠進人群中。原來是牧師在佈道，才聽了不久，吉姆便感到十分煩躁不安，因爲他覺得牧師似乎是在跟他講話。

聽完了牧師的講道之後，吉姆決定向警方自首。現在的吉姆，經常在全國各地進行演說，將自己的經歷說給每一個人聽，特別是他決心自首那天的情況。每次說到這裡，他都會這麼形容：「我找到了回頭的勇氣。」

人在徬徨迷惑的境遇中，最容易懷疑自己存在的價値，正因爲胸臆中充滿懷疑，往往不懂得珍惜自己。這時，唯有調整好自己的心態，客觀審視自己，永遠懷抱希望，才有助於自己走好往後的人生旅程。

決心和意志力可以改變一個人，這是大家都明白的道理，但卻不是每個人都可以做到的事情。尤其是遇到失敗或挫折的時候，怨天尤人的人，永遠比重新再來的人還要多得多。

回頭需要無比的勇氣，也許我們無法在第一時間回頭，但是只要願意，重新出發是永遠都不嫌晚的。只要肯下定決心，美好的人生仍然會在你前進的路上等著你！記住，千萬別繼續當個自暴自棄的傻瓜。

承認犯錯，才有機會補救

> 發現自己發生錯誤時，補救遠比掩飾犯錯還重要！只要你不隱瞞錯誤，這個錯誤不但可以彌補，說不定結果還會比沒犯錯時更好。

人人都會犯錯，不管多成功的人，在成功的絢麗光環背後，一定也有一連串的錯誤經驗。

犯錯不是件可怕的事，唯一可怕的地方，在於「隱瞞」錯誤，因爲，隱瞞的結果，往往比所犯的錯誤還要嚴重得多。

格里在西爾公司當採購員時，曾經犯下了一個很大的錯誤。

該公司對採購業務有一項非常重要的規定：採購員不可以超支自己的採購配額！如果採購員的配額用完了，那麼便不能採購新的商品，要等到配額撥下後才能進行採購。

在某次採購季節中，有一位日本廠商向格里展示了一款很漂亮的手提包。格里身為採購員，以他的專業眼光來看，認為這款手提包一定會成為流行商品。可是，這時格里的配額已經用完了，他突然後悔起自己之前不應該衝動地把所有的配額用光，導致現在無法抓住這個大好機會。

格里知道現在只有兩種選擇：一是放棄這筆交易，雖然這筆交易肯定會給公司帶來極高的利潤；二是向公司主管承認自己的錯誤，然後請求追採購金額。格里決定選擇第二種方法，一進主管的辦公室，就對主管坦承：「很抱歉，我犯了個大錯。」然後將事情從頭到尾解釋了一遍。

雖然主管對格里花錢不眨眼採購方式頗有微詞，但還是被他的坦誠說服了，並且撥出需要的款項。

結果手提包一上市，果然受到民衆熱烈的歡迎，成為公司的暢銷商品，而格

里也因爲這次的超支學到了教訓，並且從中獲得寶貴的經驗。

英國作家斯威夫特說：「不願正視自己錯誤的人，是最嚴重的盲人。」

錯誤發生的時候像刺蝟一樣防衛，只會自討苦吃；坦然承認自己的缺失，才有機會快速彌補，讓自己贏得更多讚賞。

當你發現自己發生錯誤時，補救遠比掩飾犯錯還重要！

只要你不隱瞞自己的錯誤，這個錯誤不但可以彌補，說不定最後的結果還會比沒犯錯時更好。

一旦犯了錯，就要有承擔責備的心理準備，因爲自己做錯了，如果因爲害怕被責備而不願意承認錯誤，那結果就不僅僅是「責備」那麼簡單了。

你有沒有成功的勇氣？

充分了解自己是掌握成敗的關鍵，只要能針對自己的缺點改進，原本不屬於你的成功特質，也會逐漸成為你個性的一部分。

成功需要具備許多特質，儘管這些特質並不一定都是與生俱來，但卻是可以靠後天培養的。其中，最難培養的就是「勇氣」，因爲勇氣是邁往成功的第一步，沒有了勇氣，那麼任何事情都無法完成。

莫瑞兒．西伯特常被尊稱爲「金融界的第一女士」，因爲她在紐約的證券交易所裡擁有席位，並且是第一個在交易所擁有席位的女性。而她位於紐約的莫瑞

兒．西伯特公司，也是全美最成功的經紀公司之一。

西伯特從小就希望擁有自己的事業，所以從俄亥俄州到紐約來打天下，而剛到紐約的時候，全身的財產只有牛仔褲裡的五百美元。她在紐約的第一份工作，是在一家經紀公司當一名周薪六十五美元的實習研究員。

有一天，西伯特接到一個好消息，一家她曾經寫過報告的公司來電，告訴她因爲她寫的產業分析報告，使他們公司賺了一筆錢。就這樣，西伯特得到了她生平第一份公司訂單。

從此，西伯特的業績開始蒸蒸日上，不過，她並不因此而滿足；她一直努力想爭取一家大型經紀公司的合夥資格，但卻因爲自己女性的身分而遭到對方拒絕。

這個打擊讓西伯特明白了一件事：想要在這個男性掌權的環境中生存下去，就必須創立自己的事業。

雖然，當時她連租一個辦公室的資金都湊不出來，只能把別家公司提供的小角落充當辦公室，但她還是決心要放手一搏。

莫瑞兒．西伯特就在這個臨時辦公室裡展開了她的事業。結果，在六個月之內，西伯特就搬出了這個簡陋的辦公室，搬進屬於她自己的辦公室。而且，經過不斷地奮鬥之後，莫瑞兒．西伯特終於成功地建立了頗具規模的企業。

古羅馬思想家奧維德曾經說過：「沒有勇氣過好今天的人，明天會過得更糟。」

其實，一個人的成功往往不在於擁有什麼超越常人的能力，而在於制定目標、實踐目標的勇氣與毅力。

在訂定奮鬥目標之前，一定要先徹底了解自己有沒有充足的準備，並且反覆地檢討自己的優缺點，因爲，未經深思熟慮，貿然的行動，只會讓自己陷入不必要的麻煩中。奮鬥的過程中，充分了解自己的個性是掌握成敗的關鍵，只要能針對自己的缺點改進，那麼原本不屬於你的成功特質，也會在不斷地努力後，逐漸成爲你個性的一部分。

換個角度，就會更加突出

樂觀的人，可以在每個憂患中看到機會；但悲觀的人，卻只能在每個機會中只看到憂患。

有人說，人生就是一個龐大的市場，每個人都可以在那裡販賣自己的商品，但是，通常只有看出市場潛力的人才會是最後的大贏家。

市場不僅是由消費者組成的，還包括了這些消費者的需求。有需要，才會購買，所以只要掌握了消費者需求，就一定有辦法創造商機。

有一位老人對他的兩個兒子說：「你們的年紀也不小了，也該到外面去見見

世面了，等你們磨練夠了之後，再回來見我吧！」

於是兩個兒子遵從父親的囑咐，離開家鄉到城市裡開開眼界。沒想到才過了幾天，大兒子就回家了。

老人看到大兒子垂頭喪氣回來，有些驚訝地問：「怎麼回事？你怎麼這麼快就回來了呢？」

大兒子很沮喪地回答：「爸爸，你不知道，城市的物價實在高得太可怕了！連喝水都必須花錢買，在那種到處都得花錢的地方怎麼生活得下去呢？賺的錢都還沒有花的多呢。」

過了幾天，二兒子打了一通電話回來，興奮地對父親說：「爸爸，城市裡到處都是賺錢的好機會！連我們平常喝的水都可以賣錢！我決定留在這裡好好地開創一番事業。」

過了幾年之後，因爲二兒子看準了城市中飲用水的商機，並且掌握了大部分礦泉水和蒸餾水的行銷管道和市場，很快地佔領了水的市場，成爲數一數二的富豪。

由於生長環境和價值觀念不同，每個人行事風格不同，觀看事物的角度也不同，因此同樣一件事，往往有著不同的解讀。

任何地方都會有市場存在，都暗藏著成功的契機，只是你能不能看到這個市場的潛在需求到底在哪裡。

有句俗話說：「樂觀的人，可以在每個憂患中看到機會；但悲觀的人，卻只能在每個機會中只看到憂患。」

生命中的契機是無所不在的，只要換個角度、換個心態，你就能看到別人所看不見的機會，掌握需求，你就可以異軍突起。

不要遭到反駁就退縮

想要讓別人了解自己，就必須讓對方明白自己的想法，不要擔心反駁或質疑，只有反駁和質疑才能讓原來想法中的瑕疵消失。

對於事物，每個人都有自己的看法或意見，但卻不是每個人都「敢」表達自己的想法或意見。

要是你連自己的想法都不敢說出口，那麼你如何有勇氣面對困難，如何能創造機會，進入成功的殿堂？

有一個學生考上了英國牛津大學的博士班，但是這個學生卻在參加口試的時

候，因為教授質疑她的研究計劃，而和教授展開激烈的辯論。

教授大聲地說：「妳的研究計劃包含了不下十個錯誤，根本就不是一個合格的研究計劃！」

學生也不甘示弱地反駁教授：「這只能表示我的研究計劃不成熟，並不表示這個計劃不合格！而且，如果您能接受我成為您的學生，我有信心，一定可以把這個計劃執行得盡善盡美。」

教授很生氣地說：「難道妳要我指導一個反對我理論的學生嗎？」

學生回答：「坦白說，教授，我就是這麼想的。」

口試結束後，學生心想：「牛津大學應該不會錄取我了。」於是垂頭喪氣地坐在門外等候通知。

沒想到，助教在宣佈錄取名單之時，竟然出現了這個學生的名字。

名單宣佈完後，教授走出面試室，當著眾人的面對她說：「孩子，雖然妳罵了我半個小時，但是最後我還是決定錄取妳。我要妳在我的指導下反對我的理論，這樣一來，如果事實證明妳是錯的，我會很高興；如果證明妳是對的，我會更高興。」

德國心理學家馬克．拉莫斯曾經提醒我們：「不管贊成或者是反對某件事，兩種意見總是會有大量的理由。語言的藝術就在於你如何充分地表達，但是百分之九十九的人，卻經常忽略說話的重要性。」

想要使事情朝自己期望的方向發展，有時必須條理分明地據理力爭。

想要讓別人了解自己，首先就必須讓對方明白自己的想法。

不要擔心別人的反駁或質疑，因爲人生就是不斷精進的過程，只有反駁和質疑才能讓原來想法中的瑕疵消失。

而且，就算說明想法之後還是無法得到認同，至少你努力過，也證明了你不是個遇到困難就退縮的人。

從別人的眼中發現自己的不足

在乎別人的看法並不等於是接受別人的束縛，而是藉由別人的眼光來發現自己的不足，並且讓自己更有進步的空間。

「只要我喜歡，有什麼不可以」，這句十多年前的廣告詞，至今還有許多人津津樂道，特別是那些覺得自己很有「個性」的人，更是將這句話奉爲經典名言，成天掛在嘴邊。

其實，現實生活中若是太自以爲是，只會讓別人覺得你幼稚、白目而已。

有一個少年到一座農場去應徵，農場主人看到少年，便問他說：「你想在我的農場工作是不是？」

「是的，先生。」少年必恭必敬地回答。

農場主人接著問：「那麼，你可不可以拿出一張證明書，來證明你是個工作認眞，並且值得信賴的人呢？」

少年立即回答說：「當然可以！我可以去找雜貨店的老闆邁格斯先生，他以前僱用過我。」

農場主人說道：「那好，你去把邁格斯先生找來，讓我跟他談談。」

少年離開了農場，可是過了一整天，不但邁格斯先生沒來，連少年也不見蹤影，沒有再回到農場。農場主人覺得很奇怪，於是第二天一早便到鎭上去找那個少年。

農場主人看到少年，便問他說：「你昨天跑哪裡去了？爲什麼沒有把邁格斯先生帶來農場呢？」

「很對不起，」少年跟農場主人道歉：「因爲我沒要求他到農場去。」

「爲什麼？」農場主人疑惑地問。

「啊！那是因爲他跟我說了有關你的事。」

德國哲學家叔本華曾經寫道：「為什麼世上雖有鏡子，但是人卻從來不知道自己有什麼弱點。」

的確，人很容易自以爲是，也很容易從自己的角度衡量別人，卻忽略了自己在別人眼中究竟是什麼模樣。

這雖然只是一個故事，卻說明了別人對自己評價的重要。即使是與自己不同地位或是不同領域的人，也不可忽略他們的看法，因爲這些看法或評價都是自己造成的。

在乎別人的看法，並不等於是接受別人的束縛，反而是藉由別人的眼光來發現自己的不足，並且讓自己更有進步的空間。

嫉妒程度，是衡量成功的尺度

只要你有真才實學，就不必在乎別人嫉妒的眼光，因為平庸的人吸引不了眾人的目光，唯有真正有作為的人，才有讓人嫉妒的機會。

嫉妒別人不是一件好事，但是被別人嫉妒可就不一樣了。要是你在別人心中沒有相當的評價和地位，那麼別人又爲什麼要嫉妒你呢？作家西·切威廉斯曾說：「人生是一次航行，航行中必然遇到各方面襲來的勁風，然而，每一陣風都會加快你的航速。」

不必擔心別人的嫉妒，也不必爲了閒言閒語而患得患失。

海軍軍人伯利是一位名副其實的探險家，在一九〇九年四月六日乘雪橇到達北極，成爲到達北極的第一人。

這次的探險圓滿成功，讓他一夕之間聲名大噪，而且難能可貴的是，這個紀錄是好幾個世紀以來，許多探險家不惜冒著生命危險也無法達成的。

不過，這次的探險卻讓伯利付出慘痛代價，他的腳長滿了嚴重的凍瘡，醫生不得不爲他切除八個腳趾頭，這個因爲探險所受的重創，也讓伯利痛苦了好長一段時間。

就在這個時候，伯利在海軍的上司也因爲伯利的聲名大噪，對他表現出極大的不滿。因此，當伯利再度提出到北極探險的計劃時，他們不但強烈反對，而且還相當刻薄地抨擊伯利是假借「科學探險」之名，行募集資金「到北極逍遙快活」之實。

這些海軍的高階將領們因爲嫉妒，竭力地阻撓伯利的北極探險計劃，最後在麥金雷總統的出面干預下，伯利才得以繼續進行他的北極探險。

如果伯利一直都待在海軍總部裡當一名普通軍官的話，他還可能遭到這種嚴詞抨擊嗎？

當然不可能，因爲他在海軍總部的重要性、知名度和影響力，都不至於招來別人的眼紅。

可是，要是伯利害怕遭到嫉妒，因此卻步不前，放棄探險計劃的話，那麼他也不可能有名留青史的機會了。

所以，只要你認爲自己的決定是對的，那麼就儘量放手去做吧！何必管別人說什麼？

只要你有眞才實學，就不必在乎別人嫉妒的眼光，因爲，平庸的人吸引不了衆人的目光，唯有眞正有作爲的人，才有讓人嫉妒的機會。

10.

以變通的思維
找出成功的機會

面對失敗，

要以變通的思維去規劃自己的未來，

只要心中的信心未減，

好好地實踐自己的致勝概念，

機會絕對俯拾可得。

敏銳的觀察力是致勝的關鍵

腦袋懂得變通，不斷地自我啟發，不斷地自我勉勵，自然而然能開創出無限的想像空間，更能積累出無限寬廣的未來。

「能夠敏銳地看見市場的需要，迅速地做出反應並立即實踐。」這是許多自許爲創意人，或希望能領導流行的人，所要努力達成的第一目標。

雖然伊利諾州的哈佛鎮尚未開發，卻早已經是鐵道幹線中的停靠要站，所有往來的火車都會停在這裡加煤、加水，雖然只是個短暫的停留，卻爲這個小鎮帶來了不少的商機。

鎮上許多勤快的孩子們，都會把握住火車停靠的短暫時間，奔進車廂中販售爆米花等食物。

在這群孩子裡，有一位十歲的小男孩非常靈活。這天，他和其他孩子們一塊兒在搶客人時，忍不住想：「我們這樣搶也不是辦法啊！大家的東西都一模一樣，不久之後，恐怕誰也做不成生意了。」

於是，他找來其他孩子，對他們說：「不如我們分工合作，一起想些新花招來吸引客人吧！」

就這樣，他們研發出新的爆米花口味，包括奶油口味、煉乳口味等；不久，他還利用一個報廢的鐵箱，設計出一台小小的爆米花車，那不僅能保溫，還能放置更多的食物上車叫賣。

有一年，一場大風雪來襲，嚴重的積雪，導致火車靠站後無法開動，乘客們只能坐在車廂內枯等。

這時，小男孩又看見了新的商機。

他回到家裡，請合作夥伴們一塊兒趕製許多三明治，然後讓負責外賣的夥伴帶到火車上去販售。

沒想到那些賣相不佳的三明治，不到幾分鐘時間便被搶購一空，男孩在結算時更發現，這個小小的「看見商機」，居然讓他賺了一筆小財。

從此，小男孩不再侷限他的商品，而是隨著季節與乘客需求，不斷地開發與研發各式的新產品，像是能背在肩上的蛋捲冰淇淋箱……等。

由於小男孩的生意非常好，火車上的「小販」也越來越多，當競爭對手越來越多，小男孩也意識到在火車販售的機會將會越來越少。

於是，他在賺進一筆小財富後，便毅然地退出競爭行列。

不久之後，站長宣佈，爲了維護乘客們的乘車品質，在車站與車上的一切商業行爲都要禁止。

這個富有遠見與危機意識的小男孩，正是摩托羅拉公司的創始人保羅·高爾文。因爲從小培養出來的敏銳觀察力與靈活思考，讓他日後在商場上不斷地締造傲人的佳績。

觀察力敏銳過人的保羅．高爾文，在人們只知道把「賺錢」視爲最重要目標時，便發現了「創新」與「開發新市場」的重要性，於是，我們看見了保羅．高爾文從小累積的創意實力，更預見到他的未來，必定能無限地伸展。

也許有人要問：「一個人的能力到底可以發揮到什麼程度？」

就像小保羅的表現一樣，正如每一位勵志專家們所說的：「無限寬廣！」

在成長的過程中，如果我們能像保羅一樣，腦袋懂得變通，不斷地自我啓發，不斷地自我勉勵，自然而然也能像他一樣，開創出無限的想像空間，更能積累出無限寬廣的未來。

沒有企圖心，就不可能成功致富

如果，你被列入貧窮戶籍，那麼你應該責怪的對象，其實是你自己。因為是你放棄了生活的野心，讓自己成為貧窮人家的。

每一個人的路從來都紮實地踩踏在自己的雙腳底下，生活是否能充滿活力，也只決定在我們的企圖與決心。

作家亞瑟．艾許曾說：「一個人的企圖心有多大，通常就決定他可以擁有多大的成就。」

日子越是難過，越要提醒自己笑著過。只要懂得在看似難過的日子當中，保持樂觀開朗的想法和積極進取的態度，那麼，世上就沒有闖不過的難關，就沒有撐不下去的苦日子。

巴拉昂是法國前五十大富翁之一，靠著推銷裝飾肖像畫起家，不到十年的時間，迅速成爲法國最年輕的媒體大亨。

一九九八年，他因前列腺癌去世，臨終前留下了一份遺囑，將四．六億法郎的股份捐獻給博比尼亞醫院，用於前列腺癌的研究；另外還有一百萬法郎，則要送給揭開貧窮之謎的人。

巴拉昂去世之後，法國《科西嘉人報》刊登了他的遺囑，上面寫道：「我曾經是個很貧窮的人，去世時我以富翁的身分走入天堂。雖然我就要跨入天堂了，在跨入之前，我不願將致富的秘訣帶走，現在，我把秘訣鎖在法蘭西中央銀行的一個私人保險箱裡，而保險箱的三把鑰匙，分別放在我的律師和兩位代理人手中，只要有人能答對『窮人最缺少什麼』的答案，他便能從保險箱裡，帶走一百萬法郎。」

遺囑刊出之後，《科西嘉人報》收到了大量的信件，其中多數人都認爲，窮人最缺少的是「金錢」。

也有的人認爲，窮人最缺少的是「幫助」和「關愛」，更有人認爲，窮人最缺乏的是「一技之長」。

此外，還有人認爲，窮人最缺少的是「機會」。

其他，像是一個好運氣、一件名牌外套或是總統大位等等，總之，答案琳瑯滿目，甚至讓人瞠目結舌，不過有位名叫蒂樂的九歲女孩卻答中了！

就在巴拉昂逝世週年紀念日這天，答案終於揭曉了，一如蒂樂所寫的：「每次，姐姐帶她的小男朋友回家時，都會警告我說：『不要有野心，不准有野心啊！』所以，我猜想應該是『野心』這個東西，會讓我們得到自己想得到的東西吧！」

沒錯，答案就是「野心」，也可以說是「企圖心」。

如果你有興趣向那些出現街角或路邊的乞討者問這樣的問題：「你對現在的

生活滿意嗎？」

相信，你將得到這樣一個答案：「有得吃就好了！」

如果你再進一步問他：「難道你不想多賺點錢，過更好的生活嗎？」

相信他將會回應你這樣的答案：「我這樣難道還不好嗎？」

這樣的答案不是只有在乞討者身上才能看見，在我們生活的周遭，不也經常看見缺乏企圖心的上班族們，總是滿臉愁容地站在原地，不住地埋怨日子眞不好過。

事實上，這些人絕大多數缺乏主動積極的上進心，雖然我們能聽到他們的埋怨聲，卻看不見他們努力向上的活力；因爲缺乏企圖心，當然，更無法看見他們成功致富的願景。

延伸巴拉昂的說法，我們可以看見他的另有所指：「如果，你被列入貧窮戶籍，那麼你應該責怪的對象，其實是你自己。因為是你放棄了生活的野心，是你讓自己成為貧窮人家的。」

下定決心做最好的自己

只要我們下定決心前進，人生不會只有一條直線可以走，每一個彎道都可以去經歷，讓生活多轉幾個彎又何妨？

只要你能下定決心做最好的自己，那麼人生就不會有遺憾，也不會有所謂的後悔，因爲無論最後的結果如何，你都將在這個過程中，得到別人無法感受到的成就與快樂。

東京通信是新力公司的前身，一九五〇年，東京通信成功地將日本生產的第一台C型錄音機商品化後，創辦人盛田昭夫便負責將產品帶到企業、大學、政府

等機構做展示與銷售。

然而，在某一年的訂購單中，有位東京藝術大學聲樂科的學生，居然針對這款錄音機的功能等，提出了具體且詳盡的改善建議，讓盛田大感驚訝。不久，這位名叫大賀典雄的學生，親自拜訪新力，以專業角度對另一款G型錄音機提出建議，詳細且深入的分析，讓現場每一位專家們都深感佩服，從此大賀的身影便經常在新力公司裡穿梭。

大賀完成學業後，前往德國柏林國立音樂大學留學，並以第一名的成績畢業，從此，他也踏上了第一流歌劇家的路。

直到一九五九年，因爲盛田邀請他參與歐洲電子收音機的巡迴展售，才讓他的歌劇路因而中斷。

就在轉往美洲的航程上，盛田熱情邀請大賀加入新力公司的行列，他對大賀說：「身爲音樂家，你絕對是第一流的，不過，我相信你更能成爲第一流的經營者。但是，想要成爲一個成功的企業經營者，最少要花十年的時間學習、累積。只要你能下定決心，我相信你在四十歲之前，必定能成爲成功的經營者，你不妨考慮考慮吧！」

聽見盛田忽然說出這番話，大賀完全不懂其意，他只知道：「我是個聲樂家，對於商場的事，根本沒有興趣啊！」

當時，大賀典雄認爲，自己並不是塊企業經營者的料。

然而，盛田不斷地說服他，更不斷地激勵他。從另一個角度看，也許盛田比大賀自己更懂得「大賀典雄」。

最後，大賀終於決定加入新力，他在二十九歲時擔任新力公司的第二製造部經理，一九六六年被擢升爲新力唱片公司的總經理。十年之間，他不僅讓公司的銷售額躍升爲日本第一，一九八二年更坐上了總經理寶座，展開他雄霸世界的企圖心。

能遇見伯樂是件很幸福的事，只是當伯樂鼓勵你積極發展時，你是否也會像大賀一樣，心中不斷地出現困惑與遲疑？

要懂得變通，才會更加成功！生活中最耐人咀嚼的經驗，正是在這樣的肯定與未知之間，不斷地前進與發展。

只要你下定決心做最好的自己，努力去實踐，你便會像大賀一樣終於發現，原來興趣是可以培養的。只要我們下定決心前進，人生不會只有一條直線可以走，而且每一個彎道都可以去經歷，讓生活多轉幾個彎又何妨？因爲我們永遠有無限的可能！

以變通的思維找出成功的機會

面對失敗，要以變通的思維去規劃自己的未來，只要心中的信心未減，好好地實踐自己的致勝概念，機會絕對俯拾可得。

失業是一個暫停、喘息的機會，對積極的人來說，這是他們自我增值的最佳良機，更是他們重整旗鼓、蓄積力量的重要時機。

伯尼在二十多年的職業生涯中，可說費盡了千辛萬苦，才坐到經理人的位置上，其中的艱苦實在很難爲外人明白。

這天，四十九歲的伯尼像往常一樣，拎著公事包去公司上班，途中他心裡想著：「再做個十一年，我就可以安安穩穩地拿到退休金了。」

可是，他萬萬沒有想到，「今天」竟然是他在公司工作的最後一天。

「你被解僱了！」人事部經理對他說。

「爲什麼？我犯了什麼錯？」他驚訝地質問道。

經理無奈地回答說：「你沒有犯錯，只是公司最近營運不順，董事會決定裁員，如此而已。」

是的，理由就是這麼簡單，然而簡單的理由，卻讓熬了大半輩子的伯尼，一瞬間從受人尊敬的公司經理，變成了一名流浪街頭的失業者。

失落的日子，讓他過得很辛苦，爲了化解內心的痛苦、迷惘和精神壓力，他天天都會來到一間咖啡店呆坐，往往一坐就是好幾個小時。

直到有一天，他遇到了一位同病相憐的老朋友亞瑟。兩個同樣遭到解僱的可憐人，雖然苦況相同，然而正因爲兩個人可以互相取暖、安慰，反而讓他們得到了尋求解決的動力與辦法。

「我們何不自己創辦一間公司呢？」

當伯尼忽然開口說出這句話時，也同時點燃了亞瑟的生活動力，特別是存在兩個人心中，未曾消失的激情與夢想，再次地被喚起。

於是，兩個人就在這間小小的咖啡店裡，策劃建立新的家居倉儲公司，他們多元運用自己累積出來的經驗與人脈，爲事業制定了一份發展規劃，和一個「擁有最低價格、最優選擇、最好服務」的致勝概念，並建立一套能成功實踐的管理制度，準備「展翅高飛」。

這就是美國家居倉儲公司，他們以二十年的時間，發展成爲擁有七百七十五家分店、十六萬名員工，與年銷售額三百億美元的全球化企業，爲全球零售業發展史上締造了一個新奇蹟。

然而，許多人都不知道，這個奇蹟之所以會誕生，乃肇始於二十年前的一句話：「你被解僱了！」

看著伯尼從失業的頹喪情緒，到決心重振旗鼓的高昂志氣，我們確實也看見

了一個不變的道理：「機會始終都在我們的手裡，只要我們不放棄自己，隨時都能看見轉機。」

正在失業中的人，正在抱怨日子難過的人，看見了這則案例，是否也得到了激勵與啟發？

其實，沒有人能一帆風順，也沒有人不會遇到困難，但是只要青山仍在，我們就無須擔心找不到木柴燃燒。

面對失敗，要以變通的思維去規劃自己的未來，只要心中的信心未減，好好地實踐自己的致勝概念，機會絕對俯拾可得。

先有實力，才會有運氣

要不斷地充實自己，雖然能遇見「伯樂」是很重要，然而千里馬自己是否具有充實的實力，這才是最重要的事！

許多優秀的企業家最常掛在嘴邊的話是：「想要提高企業的競爭力，人才無疑是最重要的。」

聽見他們這麼說，也許有人會不以爲然地反駁說：「那也要對方是位伯樂！」

難道我們眞的只能默默地等待伯樂出現，而別無他法嗎？

查克．雷諾是美國矽谷一家軟體研發公司老闆，頗具遠見卓識。在激烈競爭的環境中，他經常說：「知識是企業的無形財富，然而想要提高企業的競爭力，人才是最重要的，因爲人才是企業最無法估量的資本。」

在這個瞬息萬變的資訊時代，能夠靈活應用並迅速找出最新的科技，是企業成功的首要條件。因此，雷諾說：「對於人才和知識的渴求，我的確非常急切。」

雷諾深有所感地說：「對於中小企業來說，越是重要職位就越需要爭取最好最棒的人才。因爲，任何最重要的工作崗位，不僅提供了最難得的機會，對有才能的人來說，其實也是最難得的挑戰。假若我們就這麼隨便找人，不僅削減了重要任務的價值，說不定反倒還幫了競爭對手的一個大忙。」

深知人才與工作關係的雷諾，在挑選人才上自有其獨特的眼光，只要他相信對方有才能，便會三顧茅廬。如果極力邀請後仍然無法獲得對方的點頭答應，雷諾也從不氣餒，反而會更積極想法子，以贏得才子的心。

有一次，雷諾看中了一個人才，想聘請他來擔任公司的業務主管。

但是，這次他連人情攻勢的絕招都使盡了，仍然無法得到回應，甚至請託許多重要人物出面，還是得不到結果。

有一天，他再次電話遊說，沒想到對方竟不耐煩地說：「先生，全世界大概只剩您的母親還沒有給我打電話吧！」

沒想到第二天，雷諾眞的請遠在以色列的母親打了電話過來。老太太動之以情地說：「請您放心，我的小查克絕對是個好人，只要您與他共事後，一定會非常願意與他合作。」

這個方法果然奏效，第二天，電諾辦公室裡的業務主管位子上，正坐著他心目中的最佳人選。

不久，雷諾又發現了一位財務主任職位的好人選。

只是，這次較困難的地方是，這個人才是在一家大企業裡擔任要職，且待遇相當優厚，聽說雷諾這樣的小公司要來挖角，他根本理都不想理。

然而，雷諾並沒有洩氣，積極打聽到對方鞋子的尺碼之後，便立即買了一雙耐吉牌運動鞋，送到對方的家門口，旁邊則留下了一張寫有「just do it」的紙張。當對方看見電諾如此用心的小動作，心很難不被打動。

於是，在收到鞋子的第二天，雷諾小公司裡的財務主任座位上，也鎭坐著這位雷諾心目中的唯一人選。

希望被慧眼獨具的人發現自己，我們不應該只會靜靜等待，因爲即使像故事中的千里馬，他們也是日跑千里之後，才被雷諾發現他們的「長跑」天分，願意三顧茅廬！

其實，我們不會連一個機會都沒有，那些說找不到機會的人，多數是因爲他們的能力尚未充實。

他們不僅對自己的能力感到懷疑，連挑戰未來都會出現擔心的臉，如此一來，如何能散發自信，讓人願意伸出接納與肯定的手呢？

明白人才是公司最重要的資產，那麼我們就更應該要不斷地充實自己。換個角度來思考，雖然能遇見「伯樂」是很重要，然而千里馬自己是否具有充實的實力，這才是最重要的事吧！

親身體驗，才能吸收寶貴經驗

不是踩著別人的步伐就一定能成功，更不是聽著別人的指引，我們就一定能看見陷阱，人生一直都充滿著變化。

沒有眞正地經歷生活中的甜酸苦辣，只從別人的滿臉苦楚，或滿心歡喜的神情，就眞的能感受到其中的悲傷和快樂嗎？

拿破崙入侵俄國期間，曾在一個小鎮中作戰，期間不幸地與軍隊脫離。就在他孤立無援時，有一群哥薩克人盯上了他，並展開一連串的追捕行動。

於是，拿破崙開始他的逃命步伐，最後潛入一個偏僻巷弄中的一家賣毛皮的商店裡。

當拿破崙氣喘吁吁地逃入店內時，立即對著老闆喊道：「求求您救救我！」

老闆同情地說：「快躲進角落的毛皮底下吧！」

接著，他還拿了許多毛皮覆蓋在拿破崙的身上，就在他蓋好的同時，哥薩克人也來到了毛皮店的門口。

只見這些哥薩克人，一點也不顧老闆的抗議聲音，在店裡亂翻亂搜，爲了要找到拿破崙，他們還曾將利劍猛力地刺入毛皮堆裡，所幸沒有任何發現，不久後，一群人便放棄離開了。

過一會兒，當拿破崙的貼身侍衛也尋找到店門口時，拿破崙正毫髮無傷地從毛皮下爬了出來。

這時，老闆怯怯地問拿破崙：「請允許我向您提出這樣的問題：不知道您躲在毛皮底下，知道下一刻可能是最後一刻時，心情怎麼樣呢？」

沒想到這一問，居然令拿破崙動怒了。他生氣地對老闆說：「你竟然敢問我這樣的問題，侍衛們！快將他拿下，還要蒙住他的眼睛，並聽候我的命令，即刻處決他！」

可憐的老闆被拖到外面，並蒙住了雙眼。

什麼東西都看不見的老闆，隱隱約約間聽見侍衛的動作，當他們慢慢地排成一列，並發出準備射的聲音時，雙腳不由自主地猛烈顫抖。不一會兒，拿破崙清了清喉嚨，並慢慢地喊道：「預備，瞄準。」

就在那一刻，皮毛商人終於知道，一些無關痛癢的感傷都將永遠離他而去，當眼淚流至臉頰時，心中一股難以形容的感覺忽地出現。

此刻，時空像是被凝結了，過了一會兒，在老闆的耳邊聽見了一個腳步聲，旋即眼罩也被解了下來。

突然的光明，令他的眼睛有些睜不開，但他仍然可以清楚看見拿破崙的眼睛，與安慰他的微笑。

接著，拿破崙輕聲地說：「現在，你應該知道了吧！」

對拿破崙來說，沒有眞正的親身體驗，是無法感同身受的，所以故意嚇唬毛皮店老闆，讓他眞正地親自體會其中的驚恐與求生意識。

從這則軼事當中，我們也學會了一件事，那就是：沒有親身經歷過，是很難表現眞正的「感同身受」。

日常生活中不也如此嗎？不是踩著別人的步伐就一定能成功，更不是聽著別人的指引，我們就一定能看見陷阱。

人生一直都充滿著變化，即使是相同的事件，在不同人的身上發生，都會有不同的感受與發現。

所以，不要用聽說或看見來表露自己的「感同身受」，唯有親自經歷，我們才能得到眞正的體驗，也才能從這樣的經驗中，得到眞正的啓發。

不要錯過每一個可能的機會

不可預期的機會，隨時都在上演，我們更要懂得把握，同時學會看見這些偶然的機遇裡所暗藏的奧秘。

不論大小，機會都是人創造出來的，面對每一個機會，我們都不能錯過，即使只是個偶然的小發現，也有可能是前進未來的重要跳板。

一八九五年十一月八日深夜，倫琴教授在沃茲堡大學實驗室，用一張黑紙把一只真空放電管緊密地包裹起來，然後離開了實驗室。那只放電管是克魯克斯教授研製的，能產生微弱的陰極射線，可以利用它來研究帶負電的高速電子流。

不久，倫琴教授想起忘了關閉陰極射線管的電源，於是折回實驗室。門一開，眼前的情況令他大吃一驚，因爲在黑暗中，有一條板凳正放射著一束綠色的螢光！當他切斷電源時，螢光便自動消失了，再接通電源後，那道螢光又再次出現。等到教授接近後發現，板凳上有一塊硬紙板，他想：「難道是克魯克斯管中有某種未知的射線，射到紙板上所引起的嗎？」

好奇的倫琴教授，忍不住將手伸到克魯克斯管前晃了晃，這個試驗動作，又一次令他大吃一驚。因爲，在離管兩公尺遠的一個備用螢光屏上，他清楚地看見一個淡淡的手影，而且這個影子居然是「一節節骨骼」的影子。

倫琴大聲叫道：「我看見了我的骨頭！」

面對著這個「魔影」，倫琴教授並沒被嚇倒，反而引起更強烈的好奇心。爲了找出眞相，他一連十天都沒有走出實驗室，不眠不休地研究他的新發現——那道神秘之光。

「我也不曉得是什麼光，無以名之，就姑且叫它X光吧！」他寫了一封報告書給他的老師。就這樣，倫琴教授成了X光的發現者，這個偉大的發現也讓他拿

到了諾貝爾物理學獎。

科學史稱這種發現爲「偶然的遭遇」，關於這種神奇的「偶遇」，科學界的例子可說是不勝枚舉。例如，法拉第在做青蛙實驗時所發現的電流，又如英國科學家柏琴，原本要用化學方法合成奎寧，卻發明了合成染料苯胺紫，還有荷蘭磨眼鏡片的學徒，因爲閒玩兩塊鏡片而讓他偶然發明了望遠鏡……等等。

生活中，像這樣不可預期的機會，不也隨時都在上演嗎？正因爲它們的偶然性，讓我們更要懂得把握，同時學會看見這些偶然的機遇裡所暗藏的奧秘。

一如「X光」，早在倫琴發現X光之前，美國科學家古德斯柏就在實驗室裡偶然洗出了一張X射線的透視底片，但他卻將照片歸因於沖洗的藥水與技術，最後更把這些底片當垃圾處理。這也正是「看見」和「發現」的區別，「看見」了卻沒有「發現」，成功機會便這麼輕輕地溜走了。

人生的第一課是「自信」

人生要從建立自信開始，不論是在搖晃學步或開口說話，為了讓孩子們願意更積極學習，我們不是都鼓勵他們建立信心？

當我們看見別人的輝煌成就時，無須太過欣羨，因爲他和我們一樣，也曾經有相同的跌倒經驗。

唯一不同的地方是，他們會積極讓自己從跌倒的傷痛中再站起來，用心中最堅強的自信，來建築自己的輝煌未來。

剛剛入園的小朋友，正跟隨著老師的腳步，整齊地走進圖書館內，接受他們

的人生第一課。

只見其中一位老師，微笑地拿起一本圖書，並對小朋友們說：「小朋友，我來說一個故事，好不好？」

「好！」孩子們開心地回答。

於是，老師緩緩地把故事說完。等故事講完後，她再次對著孩子們說：「你們要記好喔！這本故事書是一位作家寫的，老師希望，你們長大之後，也寫一本這樣的書，好嗎？」

勉勵完孩子們之後，老師停頓了一下，接著便問：「哪一位小朋友也願意講故事給大家聽呢？」

這時，有位小朋友立即站了起來，朗聲說：「我有一個爸爸，還有一個媽媽，還有我……」

幼稚的童音在課堂中迴繞，老師則拿著一張紙，認真且完整地將孩子的故事用心記錄下來。

故事說完之後，老師問道：「接下來，有哪位小朋友願意幫他一個忙，把這個故事畫下來呢？」

只見又一位可愛的小朋友站了起來，小小的手輕巧地畫了一個「爸爸」和一個「媽媽」，然後再畫一個「我」。

雖然小朋友畫得很粗糙，但是，老師仍然非常珍惜地將紙張接了過來，並附在那一頁故事的後面。接著，她又拿出了一張精美的皮紙，將它們全都裝訂在一起。

然後，她在封面上，寫上了作者的姓名、插圖者的姓名，和「出版」的年、月、日。最後，老師笑著舉起這本「書」說：「小朋友，你看，這是你寫的第一本書喔！你們明白了嗎？寫書一點也不難，現在你們只能寫這種小小的故事書，但長大之後，你們就可以開始寫更大更好的故事書了，說不定還有人變成偉大的人物喔！」

是的，人生的第一課要從建立自信開始，自信就是邁向成功的動力！不論是

在搖晃學步或開口說話，爲了讓孩子們願意更積極學習，我們不是都這麼地鼓勵他們：「孩子，你好棒喔！」

一如故事中，老師給予孩子們的創作自信，記得時時鼓勵孩子！即使孩子跌倒了，也不要讓他們感到害怕，因爲我們要幫助他們建立信心，讓他們知道：「孩子，沒關係，快爬起來，再走一步，你就成功了！」

11.

困難，
都是自己想像出來的

如果你只會在一旁空想，
那麼這個世界將會是個被重重
「困難」包圍的可怕環境，
而你永遠也無法破除困難，往前再進一步！

慎重選擇自己的模仿對象

這個競爭激烈的社會，就是一場大型的模仿秀。選對了目標，成功或許指日可待；一旦選錯了，可能就得花更多的時間繞遠路了。

人的成長，往往來自於模仿別人，然後從模仿中慢慢找到自己的風格。我們不難見到越懂得「模仿」訣竅的人，就越容易成爲他所模仿的對象，甚至超越被模仿者。

有一位作家到洛杉磯旅行時，他的美國朋友開車帶著他到處觀光。

當他們來到洛杉磯最著名的高級住宅區比佛利山莊時，看到各式各樣的豪宅，作家忽然問他的美國朋友說：「你看到這麼高級的豪宅，會不會嫉妒住在裡面的那些人？」

美國朋友回答：「當然嫉妒，不過，我嫉妒的是他們能遇到好機會！如果將來我能遇到好機會，我會做得比他們還要好！」

後來，作家到日本去玩，一位日本朋友也帶著作家去參觀高級住宅區。日本的豪宅雖然建築和格局都與美國不同，但是一樣都很漂亮華麗。作家也問了日本朋友同樣的問題：「你會不會嫉妒住在裡面的人？」

日本朋友搖搖頭，回答說：「當然不會！日本人只要見比自己強的人，通常都會主動接近那個人，和他交朋友，向他學習。等到把他的長處學到手之後，再設法超越他。」

惡意的嫉妒是自討苦吃的行爲，只有傻瓜才會嫉妒別人的成功，老是跟自己生悶氣，卻不想如何才能超越對方。

這個看起來競爭激烈的社會，嚴格說起來，就是一場大型的模仿秀。正因爲每個人都在不知不覺中模仿他人，所以如何選擇模仿對象，就成爲一件很重要的事了。

選對了模仿目標，成功或許指日可待；一旦選錯了目標，可能就得花更多的時間繞遠路了。

成不成功靠的不只是運氣，還得好好地選擇自己想模仿的對象，如此一來，不只能讓自己節省不少的力氣，還可以比他人更快地達到目標。

有計劃，才能因應變化

計劃是實現夢想的第一步，有了計劃，我們才能開始完成夢想的步驟，並且節省更多時間，減少走向冤枉路的機會。

我們常會說：「計劃永遠趕不上變化」，但是很多人卻誤解了這句話的意思，動不動就將這句話拿來當作藉口，爲自己的沒有計劃做辯護。

其實，這句話只是爲了告訴我們變通的重要性，而不是要我們無所事事或完全放棄「計劃」。

不管做什麼事，一定要先訂定計劃，然後根據實際變化選用對的方法，才能讓效果達到最大。當自己在事業、工作或生活上遇到瓶頸，更必須必須冷靜思考解決的辦法。

一九八四年，東京國際馬拉松邀請賽中，原本名不見經傳的日本選手山田本一，在衆人的意料之外奪得了世界冠軍。

當記者問他是如何自我鍛鍊之時，他只說了一句話：「我是用智慧戰勝對手的。」

當時很多人都認爲山田本一是在故弄玄虛，畢竟馬拉松是憑藉體力和耐力的運動，爆發力和速度都還在其次，只要選手的身體素質好、耐力夠，就有成爲冠軍的希望。

智慧對馬拉松來說會有什麼幫助？

大家都認爲，這個說法實在有些勉強。

兩年後，義大利國際馬拉松邀請賽在義大利的北部城市米蘭舉行。山田本一代表日本參加比賽，並且再度獲得了世界冠軍。

面對山田本一時，記者們再度問到了獲勝的關鍵。

性情木訥的山田本一原來就不善言辭，這次的回答還是和上次一樣：「用智慧戰勝對手」。這次記者們並沒有在報紙上挖苦他，只是仍然對他所謂智慧的說法還是一頭霧水。

直到十年後，山田本一才在他的自傳中，明白地解釋了他的「智慧」：

「每次比賽前，我都會先把比賽的路線仔細地看一遍，並且把沿途比較醒目的標誌記下來。比如第一個標誌是銀行，第二個標誌是一棵大樹，第三個標誌是一座紅房子……等等，就這樣一直記到賽程的終點。

等到真正比賽時，我會奮力地向第一個目標衝刺，等到達第一個目標後，再用同樣的速度跑向第二個目標。這樣一來，不管多遠的賽程，只要分解成幾個小目標，就可以輕鬆地跑完了。

剛開始時我不明白這個道理，只會把目標定在終點線，結果跑不到十幾公里便疲憊不堪，被前面遙遠的路程給嚇到了。」

澳洲作家伊莉娜．蒙格索斯曾說：「人世間有著許許多多的奇蹟，只要按部就班執行你的計劃，對自己充滿信心，你也可以會創造奇蹟。」

人生未來的旅程就像一場馬拉松競賽，過程也許是不可預知的，也許是充滿困頓的，但是，一個充滿信心而具有遠見的人，會及早擬定自己的人生計劃，以無比堅毅的精神穿越人生的泥沼。

計劃是實現夢想的第一步，有了計劃，才能開始進行完成夢想的步驟。

不應該將計劃視爲一種束縛，而是把計劃當成一種規範，再跟著環境的變動逐步的調整與修正。

如此一來，成功的機率絕對比跟無頭蒼蠅一樣到處碰壁還要大得多，而且更能避免許多無謂的冤枉路。

讓「偽善」發揮最強的力量

千萬別忽略「偽善」的力量，只要運用得宜，它不只能幫助你抬高身價，還能讓你獲得更多的喝采。

很多人會認爲「僞善」是一種壞習慣，但是別忘了，生活中到處充斥的高尚行爲，其實也是一種僞善。

只要運用得宜，適時的「僞善」也可以成爲一種武器。

二〇〇〇年時，在曼徹斯特舉行的英格蘭超級足球聯賽中，有一場比賽是埃弗頓隊對上西漢姆聯隊，比賽的過程十分激烈，最後一分鐘時，場上的比數仍然

處於一比一平手的情況。

但是，在這個緊要關頭，埃弗頓隊的守門員傑拉德因為不小心在撲球時扭傷了膝蓋，球就這樣落在潛伏在禁區的西漢姆聯隊球員迪卡尼奧的腳下。

球場上沸騰的氣氛頓時安靜了下來，迪卡尼奧這時離球門只有十二碼，在這樣的距離下，不需要任何高超的技術，只要施一點小力，就可以從容地把球踢進沒有守門員的球門裡，西漢姆聯隊也就能以二比一的比數獲得勝利了！

反觀埃弗頓隊，在這場比賽之前，已經連續敗了兩輪，只要這個球一進，就落入了「三連敗」的命運。

現場數萬球迷都等著看迪卡尼奧會怎麼做。

在眾目睽睽之下，迪卡尼奧並沒有踢出「致勝的一腳」，反而彎下腰來，把球穩穩地抱在懷中。

這個舉動讓全場因太過驚訝而出現了片刻沉寂，接著全場爆出了如雷的掌聲，讚美迪卡尼奧這個不願意乘人之危的高尚行為。

這一球不需要什麼高難度的技巧，即使迪卡尼奧踢進了，也不見得能提昇自己多少名氣，所以他聰明地選擇不踢。

逆向操作的結果，反而讓自己聲名大噪。

有時候，適時的「僞善」行爲，的確能讓人贏得更高的評價。

千萬別忽略「僞善」的力量，只要運用得宜，它不只能幫助你抬高身價，還能讓你獲得更多的喝采。

困難，都是自己想像出來的

如果你只會在一旁空想，那麼這個世界將會是個被重重「困難」包圍的可怕環境，而你永遠也無法破除困難，往前再進一步！

每個人都知道在完成自己的目標之前，多多少少都會遇到困難，但卻不是每個人碰到困難時都會思考：這個困難，到底算不算是「困難」？

打從瑪麗嫁到這座農場來的時候，那塊石頭就已經在這裡了。石頭的位置剛好位在後院的屋角，而且是一塊形狀怪異、顏色陰暗的怪石。

它的直徑大約一公尺，從屋角的草地裡突出將近兩公分，一不小心，隨時都有可能被它絆倒。

有一次，當瑪麗使用割草機清除後院的雜草時，不小心碰到了石頭，割草機高速運轉的刀片就這樣被碰斷了。

因爲常常造成不便，所以瑪麗就對丈夫說：「能不能想個辦法，把這塊石頭挖走呢？」

「這東西不可能挖起來的。」丈夫這麼回答，瑪麗的公公也表示同意。

「這個石頭埋得很深。」公公對瑪麗說：「從我小時候，這塊石頭就在這裡了，從來沒有人嘗試把它挖起來。」

石頭就這樣繼續留在後院裡。

年復一年，瑪麗的孩子們出生，然後離家；接著是瑪麗的公公去世，到最後，瑪麗的丈夫也去世了。

丈夫的葬禮過後，瑪麗開始打起精神整理房子，這個時候她看見了那塊石頭。

因爲它的關係，周圍的草皮始終無法生長良好。

於是，瑪麗拿出了鐵鍬和手推車，下定決心準備花上一整天的時間挖走這塊石頭。沒想到才過了五分鐘，石頭就已經開始鬆動，一下子工夫就被瑪麗給挖出來了。

原來這顆石頭只不過幾十公分深而已，於是，那顆原本每一代人都認定沒辦法移動的石頭，就這樣簡單地被移走了。

美國名牧師弗列特．羅伯林說：「信念可以使人變強，懷疑會麻痺人的活力，所以，一個人對自己的信念就是超強的力量。」

如果瑪麗沒有親自動手去做，關於這塊石頭困難的「神話」，或許也就這麼繼續流傳下去了。

困難到底是不是困難，必須動手去做才會知道。

如果你只會在一旁空想，那麼這個世界對你而言，將會是個被重重「困難」包圍的可怕環境，而你，永遠也無法破除困難，往前再進一步！

鋪一條沒有坑洞的康莊大道

不要吝惜在別人需要的時候伸出援手，因為在你伸出援手的同時，也等於為你的人際關係鋪好了一條沒有坑洞的康莊大道。

友誼總是讓人感到愉悅，在群居的人類社會中，友誼就像是生命不可或缺的陽光、空氣和水，適時提供滋養生命的養分。

任何人在遭遇困難時，都希望能有一個堅強的靠山伸出援手。所以，當你爲了自己的人際關係不佳而懊惱時，千萬記得，成爲別人的援手，也是建立良好人際關係的手段。

英國可說是社會福利工作做得最完善的國家之一，但也因爲社會福利的完善，造成英國財政上的許多問題。

所以，一九七九年，素有「鐵娘子」之稱的柴契爾夫人開始擔任英國首相之初，便致力於改革英國的稅賦制度。

她的改革包含了經濟、社會、醫療、社會保障和教育。雖然在改革的過程中產生不少「太過分」的埋怨聲浪，但是不久她便獲得各方奧援，讓英國日趨嚴重的財政赤字問題逐漸好轉。

柴契爾夫人就任之後，爲了樹立改革的榜樣，每天早上六點起床，辦理公務一直到深夜才休息。

她這種兢兢業業、以身作則的精神，不僅獲得英國國民一致的支持，對她的堅毅信念和卓越的領導能力，絕大多數也感到相當佩服以及肯定。

作家約翰·凱勒斯告訴我們：「人與人的互相援助精神，把多數人的心靈結合在一起。由於這種可貴的聯繫，我們的生活才會不斷向前躍進。」

互助精神會使我們和別人在思想上，或是在感情上進行正面的交流，並且在彼此需要的時候相互伸出援手。

不只是國家的元首需要支持，一般人也不能缺乏朋友的支持。因爲，支持代表了別人的看法和評價，一個缺乏朋友支持的人，不要說成功了，就連與人相處都會很辛苦。

不要吝惜在別人需要的時候伸出援手，在你伸出援手的同時，也等於爲你的人際關係鋪好了一條沒有坑洞的康莊大道。

從錯誤中迅速進步

犯錯是為了求進步，所以你可以犯許多不同的錯，然後從不同的錯誤中學到不同的經驗和教訓。

成功學大師安東尼．羅賓告訴我們：「一個原本優秀的人，也可能因為怠惰而變得愚昧無知，由於不斷犯錯而沉淪到萬劫不復的程度。」

每個人都有可能犯錯，犯錯其實並不可恥，讓犯錯成爲可恥的方式只有一種：不斷地犯同樣的錯。

王先生在公司裡已經是很資深的員工了，可是，他的職位卻一直沒有提升。

雖然他已經待了二十多年，公司的一切事務也都很了解，但依然只是個基層職員而已，對於這個情形，王先生也不知道到底是爲什麼。

這一天，眼看一個進公司還不到一年的新人被提升爲主任，王先生再也忍受不了了，決定去找老闆，問清楚到底爲什麼一直不讓他升級。

王先生開門見山地對老闆說：「我在這家公司已經做了二十年，比你提拔的新人還多了二十年的經驗，爲什麼你寧願升他也不要升我？」

老闆聽完王先生的抱怨，心平氣和地回答道：「你說錯了，其實你只有一年的經驗而已。」

王先生覺得很驚訝，不禁反問老闆：「爲什麼我只有一年的經驗？」

老闆回答：「因爲你沒有從自己的錯誤中學到任何教訓！你到現在都還在犯你第一年剛進公司時會犯的錯。」

莎士比亞曾經寫道：「沒有成功過的人，才會譏笑別人失敗上的傷痕。」

的確，一個人最難堪的事，莫過於無法從過去的失敗中學到成功的經驗，其實，所有成功的人，都是曾經失敗過的過來人，而且，往往因爲經歷過挫折失敗，才更能顯示出最後成功的可貴。

同樣的錯誤，犯第一次時可以原諒，第二次可以當作是不小心，犯第三次就代表你根本不用心！

犯錯是爲了求進步，所以你可以犯許多不同的錯，然後從不同的錯誤中學到不同的經驗和教訓。如此，從錯誤中反而可以學習正面的結果。

如果，你只是一直重複同樣的錯，不只得出的結果是負面，連自己在別人眼中的形象也會成爲負面。

踏出實實在在的第一步

「萬事起頭難」，做任何事，最困難的往往就是那第一步，只要能跨出第一步，接著就只要一步一步地走下去就可以了。

任何成功的事物，一開始都是微不足道的，就跟小孩子慢慢長大成人一樣，沒有人能省略這個過程。

如果硬是妄想一步登天，那麼結果若不是摔得很慘，便可能是一敗塗地、永無翻身的機會了。

國外媒體曾經有過這麼一個百萬富翁的報導。

這名富翁原本是一個乞丐，他的財富都是靠別人的施捨得來的。寫這篇報導的記者剛開始非常懷疑，一個每天依靠人們施捨的人，怎麼可能擁這樣鉅額的存款？

經過查證後，記者才發現，原來這些存款都是乞丐每天乞討得來的。他把零錢慢慢累積起來，從一分錢到一塊錢，接著十塊錢、一百塊錢，一直到一百萬。

金氏世界紀錄上曾經有一位六十三歲的老婦人，徒步從紐約走到佛羅里達州邁阿密的紀錄。

老婦人長途跋涉，克服了重重困難終於到達了邁阿密，有位記者去採訪老婦人，想知道她到底是如何鼓起勇氣，決定徒步旅行的，問她難道她不認爲這是一件既辛苦又困難的事嗎？

老婦人微笑地回答記者說：「走這麼遠的路的確是需要勇氣的，可是走一步路卻不需要任何勇氣也可以辦得到。我就是抱持著這種心態，把很遠的路當成一步一步來走，就這樣，現在的我才能站在這裡。」

「萬事起頭難」，做任何事，最困難的往往就是那第一步，只要能跨出第一步，接著就只要一步一步地走下去就可以了。

但是，如果第一次步跨得太大，那麼後來不是因爲筋疲力盡而放棄，就是因爲摔得傷痕累累，心生膽怯而放棄。

所以，在跨出第一步的時候，別心急，也不要貪心，實實在在地踏出第一步，那麼後來的步伐才能更穩健，也才可以避免半途而廢的遺憾發生。

生命，經不起無謂的浪費

人的生命是有限的，經不起無謂的浪費，只要你能把握生命中的每一秒，那麼你的目標也就離你不遠了。

曾經有一個這樣的笑話。

某甲的錢包被偷了，爲了追回錢包，便死命地追著小偷不放。

某甲很生氣地邊追邊想：「我就不相信我跑不過你！」

於是，他卯足了勁，全力地往前跑。等到他終於追上時，沒想到某甲竟然只記得要跑贏小偷，而忘了追回錢包，仍然繼續地一直往前跑！

當我們整天只知道像陀螺一樣地忙忙碌碌，卻忘了既定的生活目標時，這種行爲不也和那個忘了小偷，只顧著向前跑的某甲一樣嗎？

某位女作家之所以能有這麼豐富的作品產量，完全得力於她可以理智地限制自己。

她出過幾十本書，作品風靡華文世界，讓人難以想像的是，這位既擔任教職，又有三個孩子的作家，怎麼還能有如此旺盛的精力和時間來創作。

原來，她不看電視，也不看電影，平常更不逛街、不應酬，每天一下班就立即回家，將自己「囚禁」起來，開始寫作。

她自己說：「一進家門，我便把自己變成一隻蜘蛛。文字是絲，我用絲來織網，勤奮苦心地織，有一種快樂絕頂的感覺。在整個編織的過程中，我用我的耐性和韌性，將千條萬縷的細絲，織成疏密有致的網；然後，我再以我的感情和經驗，爲這個網的雛形設計獨特的圖案。」

有人因此評論說：「她既是編織美麗文字之網的作家，也是一個不斷吮吸知識甘泉的讀書狂。她像蠶一樣發狂地吞食，再努力地消化。」

這種專注的能力，使她成爲一個不容易向現實低頭的人，也因此能在文字殿堂中，獲得令人激賞的成績。

科學家居禮夫人告訴我們，如果我們想要過著充實而有意義的生活，就一定要克制自己的惰性，養成充分運用時間的習慣，過完一天之後對自己說：「我已經做完今天應該做的事了。」

限制自己，其實是一種非常勇敢的行爲！因爲它不僅能測試一個人的意志力，還能表現出一個人是否能充分地運用時間。

如果你充滿理想，並且渴望成功，那麼，嘗試向自己的「自制力」挑戰吧！人的生命是有限的，經不起無謂的浪費，只要你能把握生命中的每一秒，那麼你的目標也就離你不遠了。

12.

節制，
是邁向成功的第一步

如果你想成功，
就必須懂得控制自己、
懂得抗拒誘惑，
那麼你才能循著自己的目標，
獲得理想的成果。

分享的果實，格外甜美

懂得感恩的人，才能得到真正的肯定和讚美；學習和他人分享成功，那麼成功的果實才會加倍甜美！

在今天這種以利己爲優先的現代社會，不只付出之時得斤斤計較，甚至還會以利害的有無，來區分彼此間的關係。

如果，每個人都吝於付出和分享的話，那麼我們如何能得到別人的幫助？我們又怎麼能獲得分享的喜悅呢？

十五世紀時，紐倫堡附近的一個小村莊裡，住著一戶姓杜勒的人家。這戶人家有十八個孩子，所以當金匠的父親幾乎得不眠不休地工作，才能勉強讓全家人獲得溫飽。

儘管家境如此貧困，但是杜勒家最年長的兩兄弟卻都渴望當個藝術家。當然，他們都很清楚，父親在經濟上絕對沒有辦法供應他們到紐倫堡的藝術學校去學畫，想要學畫，他們兩個人只能靠自己想辦法。

兄弟兩人經過無數次的討論之後，最後選擇以擲硬幣的方式來決定誰先去學畫。他們是這麼計劃的：輸的人要到礦場去工作四年，用他的收入供給到紐倫堡上學的兄弟；而獲勝的人則可以在紐倫堡讀四年書，然後再用他賣出作品的收入，支持另外一個兄弟上學。

在一個星期天，做完禮拜之後，兄弟兩人擲了硬幣，結果是阿爾勃勒希特贏了。於是，阿爾勃勒希特便高高興興地離家到紐倫堡上學，另一個兄弟艾伯特則先到礦坑去工作，並且往後的四年都必須資助阿爾勃勒希特。

阿爾勃勒希特的才華很快地便引起了人們的注意，從紐倫堡大學畢業時，他的作品已經帶來了相當可觀的收入。

爲了慶祝阿爾勃勒希特衣錦還鄉，杜勒一家準備了豐盛的大餐歡迎他回來。在餐桌上，阿爾勃勒希特對艾伯特說：「現在，艾伯特，你可以去紐倫堡實現你的夢想了，今後輪到我照顧你了。」

誰知，聽到這些話的艾伯特，淚水竟緩緩地從臉頰流下，哽咽著說道：「已經不可能了。」

原來，這四年粗重的礦工生活使艾伯特的手產生了巨大的變化。他的每根手指至少都受過一次骨折，現在更受到關節炎的折磨。如今的艾伯特，連拿酒杯都很困難了，更不用說拿筆在畫布上畫出精緻的線條了。

對艾伯特來說，自己的夢想已經不可能實現了。

阿爾勃勒希特知道後，忍不住捧著艾伯特的雙手痛哭失聲。爲了報答艾伯特的犧牲，阿爾勃勒希特便將艾伯特那雙飽經磨難的手用心地畫了下來，而這幅畫，也就是日後舉世聞名的傑作——《手》。

莎士比亞在《仲夏夜之夢》中曾經寫道：「誠摯而樸實所表達的情感，才是最豐富動人的。」

在自己獲得成就之後，一定要懂得以發自內心的誠摯情感，感謝那些曾經幫助過自己的人。

一個人之所以能獲得輝煌的成功，背後往往有許多人的付出和犧牲，應該時時懷著感恩的心情。

很多人談到自己的成功歷程時，常常會強調自己的努力，以及一路所遭遇的挫折和阻力，但是他們卻忘記了倘若沒有家人的支持，他們怎麼會有繼續前進的動力？沒有朋友的激勵，他們怎麼能走過那段不如意的歲月？

懂得感恩的人，才能得到眞正的肯定和讚美；學習和他人分享成功，那麼成功的果實才會加倍甜美！

批評你的人，不一定是壞人

如果沒有勇氣面對外在的批評或打擊，那麼怎麼能夠從競爭激烈的環境中脫穎而出呢？

沒有人喜歡被批評，無論是私底下或是公開場合，被別人批評總是一件令人難堪的事。

可是，批評無疑是一個人精益求精的動力，如果你的周圍沒有一個人批評過你，這並不表示你就是個優秀的人，而是說明你根本不值得批評，或者是一個脾氣大的傻瓜，沒有接受批評的雅量而已。

艾列克在大學主修音樂，每天練習超過八個小時，同學們都對他這種對音樂的執著感到相當佩服；由於在校的成績相當優異，畢業之後，如願以償地申請到獎學金繼續深造。

過了一段時間之後，艾列克的大學同學偶然在路上遇見他，發現整個人都變了，從以往的神采飛揚，變得十分低沉消極。

原來，艾列克雖然申請到最好的音樂學院的獎學金，但是只讀了八個月就輟學了。

他之所以決定輟學，主要原因是音樂學院的環境和大學不同，聽他演奏的對象並不是一般人，而是擁有專業音樂素養的精英，同時還得接受各種不同的批評。這些批評有的很中肯，有的卻是惡意中傷。艾列克沒有辦法承受這種種的批評，於是他開始一蹶不振。

艾列克非常沮喪，不管親朋好友怎麼勸導，都無法讓他釋懷。

後來，艾列克決定回大學去拿教育學位，改行當音樂老師。但是，他已經對音樂失去信心，當了老師，同樣不熱衷於教學，慢慢地，就這樣放棄原本深愛的音樂了。

作家英格麗曾經寫道：「如果我將別人對我的閒言閒語都放在心上，那麼我就不可能擁有現在的成就。」

我們無法阻止別人批評自己，對於善意的批評，理當虛心接納，對於惡意中傷，大可不必放在心上。

作家孚希特萬格曾說：「只有傻子才會對照出自己容貌的鏡子生氣。」

這番話告訴我們，面對別人的批評，先按捺住情緒，勇敢檢討自己所有的缺失，才是明智之舉，才是邁向成功之道。

由於沒有接受批評的勇氣，所以艾列克放棄了自己的夢想。

由此可見，要成爲一名成功人物，除了立定目標之外，勇氣也是不可或缺的條件，如果沒有勇氣面對外在的批評或打擊，那麼怎麼能夠從競爭激烈的環境中脫穎而出呢？

從抄襲中尋找機會

一個好的方法，第一次使用時是創意，接下來就是抄襲了。只有從抄襲中找出新點子，成功的機會才會源源不斷出現在你身邊。

現代社會進步快速，競爭的激烈程度也與日俱增，在這個講求速度和能力的時代裡，不思變通只會增加自己被淘汰的機率。

有人說「創意來自高明的抄襲」，但想抄襲別人的創意，也要懂得靈活運用，如此才可能爲自己創造出無可比擬的競爭力。

三個經濟學家和三個數學家一起坐火車旅行，數學家乖乖地買了三張票，但這三位經濟學家卻只買了一張票。

數學家不禁納悶地問經濟學家說：「三個人怎麼可以只買一張車票？這樣會被罰款的！」

這三位經濟學家只是笑笑，並沒有回答。

等到查票員準備進車廂查票時，三個經濟學家便一起躲進洗手間，當查票員敲門時，經濟學家沒有開門，只是從門縫裡將車票遞出來。查票員看了看車票之後，就繼續到別的車廂查票去了。

數學家們一看，覺得這眞是個好辦法，在回程時也如法炮製，只買了一張票。但是這一次，三個經濟學家卻連一張票也沒有買。

「你們這次怎麼一張票都不買？」數學家們百思不解的問，經濟學家們仍然只是笑而不答。

當查票員準備查票之時，三位數學家依樣畫葫蘆地馬上躲進洗手間。

經濟學家們看到數學家都躲進洗手間後，隨即敲了敲門，然後將數學家們遞出來的車票拿走了。

挪威劇作家易卜生曾說：「許多人都會疑惑，自己出生在世間的天職究竟是什麼？答案其實很簡單，那就是努力去做自己，不要抄襲別人。」

一個好的方法，第一次使用時是創意，接下來使用的人就是抄襲了。

雖然社會上的抄襲遠多於創意，不過，抄襲也是需要用心的，必須靈活變通，如果只是一成不變地模仿別人的創意，那麼便很容易產生跟故事裡的數學家一樣的情形。

一味地抄襲只會畫虎類犬，只有從抄襲中找出新的方向和點子，成功的機會才會源源不斷地出現在你身邊。

節制，是邁向成功的第一步

如果你想成功，就必須懂得控制自己、懂得抗拒誘惑，那麼你才能循著自己的目標，獲得理想的成果。

在別人面前，人總是想展現最完美的一面，但是無法自我控制的人，一受到外物影響，就會暴露出本來的心性。

「節制」兩個字說來容易，做起來卻很難，有時候就算已提醒自己要節制，但還是會不由自主地被外在環境誘惑。

有一個商人，在商店的櫥窗上貼了一張徵人廣告：「誠徵一個能自我克制的

年輕人，薪水每星期六十美元。」

這個特別的徵人廣告在小鎮裡引起了討論，也引來了衆多躍躍欲試的求職者，但是每個來求職的人都要經過一個特別的考試。

商人要求求職者必須在他的辦公室裡，毫不間斷地朗讀一段文章。可是，在閱讀開始的時候，商人會放出六隻小狗，小狗們在求職者的腳邊玩鬧，每個求職者都會忍不住地看看這些可愛的的小狗，視線一轉移，朗讀就會停止，當然求職者也就失去了機會了。

商人前前後後面試了七十個人，卻沒有一個人達到標準。最後，終於出現了能一口氣讀完的求職者。

商人很高興地對這位求職者說：「我想，你應該知道有小狗存在。」

求職者點點頭，並且微微一笑。

「那麼，爲什麼你不看牠們？」

求職者回答：「因爲我說過，我會毫不停頓地讀完這一段。」

商人讚賞地點點頭說：「你錄取了。我相信你以後一定會成功的。」

商人說得沒錯，這個年輕人日後果然成爲了著名連鎖企業的經營者。

英國哲學家羅素曾說：「一個人越不懂得控制自己的人，越是察覺不出自己傷害了別人，也傷害了自己，因為眼前的事物蒙住了他的眼睛。」

我們經常可以看到打架鬧事、酒醉駕車等醜態百出的新聞，這些都是因爲不懂得節制才會造成的後果。

一個知道節制的人不會做出越矩的事，更不會因爲一時的誘惑而破壞原本的計劃。

所以，如果你想成功，首先就必須懂得控制自己、懂得抗拒誘惑，如此才能循著自己的目標，獲得理想的成果。

藉口，只會證明你的懦弱

在一個沒有勇氣嘗試的人眼中，做任何事情都是危險的，只有願意嘗試的人，才能從危險中看出樂趣所在。

當一個人不願意做某件事的時候，任何稀奇古怪的藉口都會出現；而這些各式各樣的藉口，其實都是爲了隱藏自己沒有勇氣接受挑戰的心。

湯姆斯住在英格蘭的一個小鎮上，從來沒有看過海。有一天，他終於來到海邊，可是那天因爲天氣的關係，海面上波濤洶湧，並且籠罩著大霧。

看到這個情形，湯姆斯心想：「幸好我不是水手，當水手眞是太危險了。」

後來，湯姆斯在岸邊遇到一個水手，兩個人開始交談起來。湯姆斯不解地問：「你爲什麼會喜愛大海呢？海水那麼冷，而且還瀰漫著大霧。」

水手回答：「海不是每天都這樣的，它也有美麗的時候。」

湯姆斯又問：「可是，當水手不是很危險嗎？」

水手耐心地解釋：「當一個人熱愛他的工作時，是不會想到危險的，而且我們家每一個人都愛海。」

湯姆斯很好奇地問：「那你的家人呢？」

水手回答：「我的祖父、父親和哥哥都是水手，而且都因爲在海上發生意外而過世了。」

湯姆斯同情地說：「如果我是你，我一輩子都不會靠近海。」

水手聽了這話，反問湯姆斯：「那你願不願意告訴我，你的父親和祖父到底是在哪裡過世的？」

湯姆斯回答：「他們都是在家裡斷氣的。」

「喔？按照你的說法，如果我是你的話，」水手說：「我是不是應該永遠也

不要回家了？」

古羅馬思想家賀拉斯曾經這麼寫道：「沒有勇氣超越自己的人，永遠享受不到真正的成功滋味。」

的確，成功者和失敗者最大的差別，其實就在於成功者從不找藉口，他們只會用行動戰勝自己的懦弱。

在一個沒有勇氣嘗試的人眼中，做任何事情都是危險的，只有願意嘗試的人，才能從危險中看出樂趣所在。

如果你眞的不願意勇往直前，不妨直接承認，不要假借各種藉口。藉口越多，只不過越證明你的懦弱而已，坦率的承認，還比較光明磊落，也比較能得到他人的認同。

適時切斷自己的慾望

只有聰明的人，才懂得在適當的時候切斷自己的慾望，而且只有適時地切斷自己的慾望，你才能達成更多的願望。

每個人都會有慾望，不論是名還是利，總是希望越多越好。

雖然慾望是讓人奮發向上、勇往直前的動力，但是得適可而止，慾望要是太超過，就會變成貪婪。如果什麼都想要，貪得無饜的結果，反而會讓自己落得什麼都沒有的下場。

有一個神仙下凡閒遊的時候，正好遇見一個凡人在趕路，於是便與這個凡人

結伴同行。

凡人走到一半時突然覺得口渴，想找點水喝。

他並不知道旁邊的同伴是神仙，只看見這位同伴的腰間掛著一個葫蘆，於是便開口問道：「你的葫蘆裡面有沒有裝水？」

神仙慷慨地解下腰間的葫蘆，遞給凡人說：「這裡有滿滿一葫蘆的水，你要喝就儘管喝吧！」

凡人喝了葫蘆裡的水之後，不但止了渴，還覺得精神百倍，連日趕路的疲勞似乎都消除了。

又走了一會兒，凡人突然異想天開地看著葫蘆說：「要是你的葫蘆裡裝的是酒，不知該有多好！」

神仙笑了笑，又把葫蘆遞給了凡人，說道：「裡面是滿滿一葫蘆的酒！你想喝就喝吧！」

凡人半信半疑地接過葫蘆，一喝之下，發現裡面的水竟然都變成了酒，而且香醇無比。

凡人非常驚訝，心裡暗自想道，自己一定是遇上神仙了，不然怎麼可能要什麼有什麼呢？

凡人發覺了這一點，很高興地對神仙說：「你的葫蘆裡要是裝著可以長生不老的仙丹，該有多好！」

神仙聽了凡人的話，便笑著打開葫蘆的塞子。凡人以爲神仙要把仙丹倒進自己的口中，於是便張開嘴等著接，沒想到神仙什麼也沒有倒出來，只是搖了搖葫蘆，就這麼消失蹤影了。

法國文豪雨果曾在《笑面人》裡寫道：「仔細研究一下我們一切的慾望，我們會發現，幾乎所有的慾望都包含著難以啟齒的內容。」

難以啓齒的慾望通常是負面的、猥瑣的，既然這麼難以啓齒，那就即時切斷這種不當的想望吧！

只有聰明的人，才懂得在適當的時候切斷自己的慾望。

當然，所謂的切斷，並不表示你必須就此放棄一切想望，而是要你換個恰當的方法來達到目的。

就像故事中的凡人，如果不是那麼急躁地要得到長生不死的仙丹，神仙也不會覺得他貪得無饜，這麼快地消失。

做事時也是如此，循序漸進一定比毛毛躁躁來得穩當，只有適時切斷自己的慾望，你才能達成更多的願望。

別讓「優勢」成為鬆懈的藉口

如果優勢不能成為你的助力，反而會成為你的阻力的話，那麼這項優勢也失去了原有的意義，只是一個虛有其表的裝飾品罷了。

要得到競爭的優勢，對現代社會來說，並不是非常困難的事，尤其科技的發達，讓訊息和資源的取得都變得比以往要容易。但是，即使擁有了優勢，也不保證接下來就會一切順利。有時候優勢反而會讓自己開始疏忽、大意，反而變成自己的絆腳石。

有三個旅客同時住進了一家旅店。早上三個人要出門的時候，第一個旅客帶

了一把傘，第二個旅客拿了一根枴杖，第三個旅客則什麼也沒有帶。

等到晚上回來的時候，第一個旅客居然全身都溼透了，第二個拿著拐杖的旅客則摔得滿身是傷，而第三個什麼都沒帶的旅客，卻平安無事地回來了。

旅店老闆覺得很奇怪，便問第一個旅客說：「請問你爲什麼全身溼透了呢？你不是有帶傘嗎？」

第一個旅客回答說：「因爲我拿了傘，所以下雨時，我毫不在乎地快步向前走，沒想到卻被地上的積水弄得全身都濕透了。」

老闆接著問第二個拿枴杖的旅客說：「你爲什麼摔得全身是傷呢？」

第二個旅人回答道：「因爲我拿了枴杖，所以在泥濘坎坷的路上我就拄著枴杖快步走，卻因爲地上太滑，枴杖撐不住而摔跤。」

第三個旅人聽完前面兩人的話後，不等老闆開口，便說道：「我之所以平安無事，是因爲當雨來的時候，我就去躲雨；當路不好走時，我就更加小心地慢慢走。」

人很容易因爲擁有某些優勢而錯估勢，想要獲得成功，有時並非僅僅在於如何發揮自己的優勢，更要審愼評估眼前的情勢。

如果你的優勢反而讓你鬆懈的話，那麼這種優勢還不如不要！

優勢只是幫助你節省時間的工具而已，它需要靈活運用，功能才會出現；如果這項優勢非但不能成爲你的助力，反而會成爲你的阻力的話，那麼這項優勢也失去了原有的意義，只是一個虛有其表的裝飾品罷了。

暢銷作家 鍾宇 精采力作

心理大師

MASTER OF PSYCHOLOGY

榮登

各大權威圖書暢銷排行榜、亞洲好書榜榜單，
榮獲壹心理網站年度超受讀者喜愛心理學圖書獎！

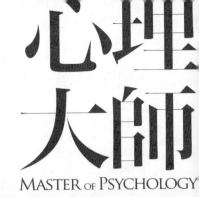

日子難過，也要笑著過 全集

作　　者　王　渡
社　　長　陳維都
藝術總監　黃聖文
編輯總監　王　凌
出 版 者　普天出版家族有限公司
新北市汐止區康寧街 169 巷 25 號 6 樓
TEL / (02) 26921935 (代表號)
FAX / (02) 26959332
E-mail：popular.press@msa.hinet.net
http://www.popu.com.tw/
郵政劃撥 19091443 陳維都帳戶
總 經 銷　旭昇圖書有限公司
新北市中和區中山路二段 352 號 2F
TEL / (02) 22451480 (代表號)
FAX / (02) 22451479
E-mail：s1686688@ms31.hinet.net
法律顧問　西華律師事務所・黃憲男律師
電腦排版　巨新電腦排版有限公司
印製裝訂　久裕印刷事業有限公司
出 版 日　2019 (民 108) 年 2 月第 1 版
E A N◉471 284718 154 0　　條碼 4712847181540

國家圖書館出版品預行編目資料

日子難過，也要笑著過 全集／
王渡著.一第 1 版.一：新北市,普天出版
民 108.4 面；公分. - (生活良品；07)
E A N◉471 284718 154 0 (平裝)

生活良品

07